职业院校汽修类专业教材配套工作手册系列

汽车维护 学生工作手册

产教融合　模块化教学

QICHE WEIHU
XUESHENG GONGZUO SHOUCE

总主编　周乐山
主　编　于占明

北京师范大学出版集团
BEIJING NORMAL UNIVERSITY PUBLISHING GROUP
北京师范大学出版社

图书在版编目(CIP)数据

汽车维护学生工作手册 / 于占明主编. —北京：北京师范大学出版社，2024.9
ISBN 978-7-303-28575-4

Ⅰ. ①汽… Ⅱ. ①于… Ⅲ. ①汽车－车辆修理－高等职业教育－教材②汽车－车辆保养－高等职业教育－教材 Ⅳ. ①U472

中国版本图书馆 CIP 数据核字(2022)第 258647 号

图书意见反馈：zhijiao@bnupg.com
营销中心电话：010-58802755　58800035
编 辑 部 电 话：010-58806368

出版发行：北京师范大学出版社 www.bnupg.com
　　　　　北京市西城区新街口外大街 12-3 号
　　　　　邮政编码：100088
印　　刷：天津旭非印刷有限公司
经　　销：全国新华书店
开　　本：787 mm×1092 mm　1/16
印　　张：6.75
字　　数：135 千字
版　　次：2024 年 9 月第 1 版
印　　次：2024 年 9 月第 1 次印刷
定　　价：21.80 元

策划编辑：庞海龙　　　　　责任编辑：葛子森
美术编辑：焦　丽　　　　　装帧设计：焦　丽
责任校对：陈　民　　　　　责任印制：马　洁　赵　龙

致同学们

亲爱的同学们：

欢迎你们进入汽车专业课程学习阶段，为了更好地完成学习任务，我们编写了与教材配套的学生工作手册。本手册构建了一套完整的学习路径，用于任务实施前预习应知应会知识，任务实施过程中记录活动过程，任务完成后评价学习效果。

一、关于学习路径

学习路径为学生提供支撑其职业技能成长的综合学习方案，是对学生学习成长过程的科学规划。

（一）任务学习路径

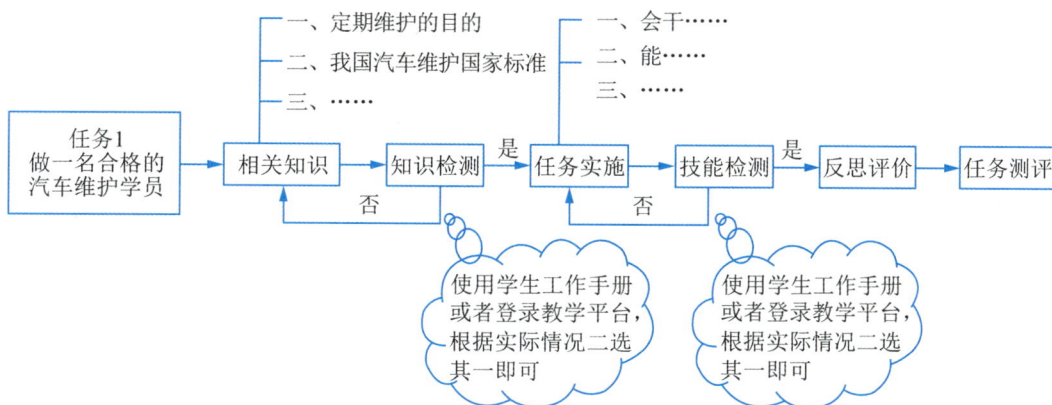

（二）课程学习路径

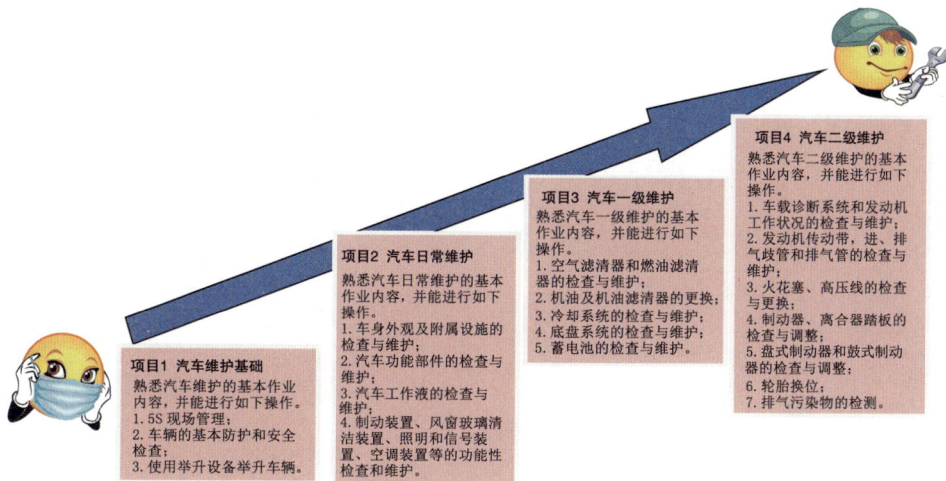

二、关于学习型小组

学习型小组是一个为共同完成学习任务目标，共享信息和其他资源，按一定的规则和程序，通过充分沟通和协商开展学习任务的小组。

为了更好地进行课程学习，在学习本课程前，请根据老师的要求，组建学习型小组。（要求：确定小组全体成员，选出小组组长，确定小组名称，选定一个富有激励作用的座右铭，制定好相应的小组公约）

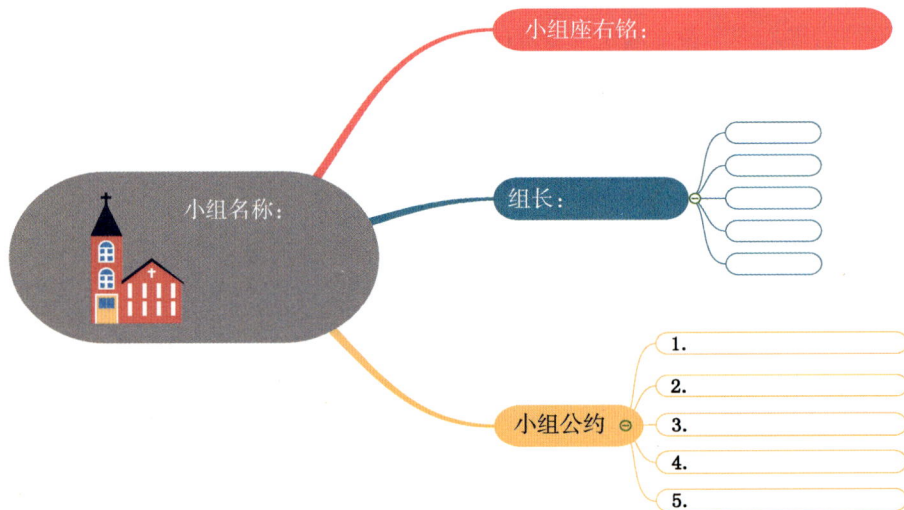

三、关于学习合同

学习合同是指学生与教师充分沟通后签订的教学合同。在课程学习前签订学习合同，便于教师了解学生对本课程学习内容、方法、效果的期望，同时学生也能清楚教师对课程学习中自己要遵守的规则、学习方式、学习效果的期望。本学习合同要经过师生充分讨论后签订，并在课程教学过程中共同遵守。

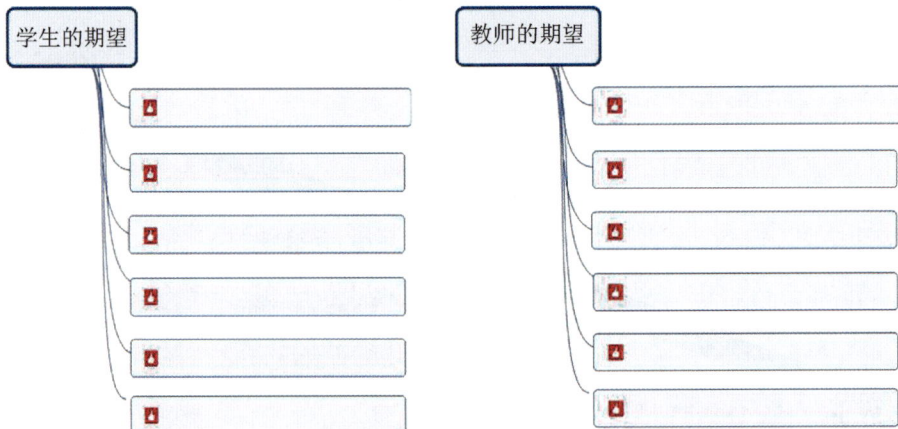

接下来，让我们一起进入本课程的学习。

目　录

项目 1
汽车维护基础

任务 1 做一名合格的汽车维护学员

一、情境导入

　　张先生今年新买了一辆别克威朗轿车，前两天接到 4S 店售后服务专员李小姐的电话，通知他尽快到店里为他的车做首保。他现在正开车前往 4S 店，接下来，他将享受哪些服务呢？

二、知识储备

　　同学们，为了完成本次工作任务，请在课前预习教材[《汽车维护(第 3 版)》，于占明、王燕主编，北京师范大学出版社版，后同]第 2～15 页的内容，熟悉相关应知应会的知识点，并完成下面 3 个学习任务。

　　学习任务 1：学习教材第 2～5 页，独立完成下面的任务。

　　定期维护的目的：

　　1. 今后可能发生的许多较大的故障_____；

　　2. 可以使车辆保持在_____；

　　3. 可以延长_____；

　　4. 顾客可以享受_____的驾车体验。

　　学习任务 2：请根据教材内容及《汽车维护、检测、诊断技术规范》(GB/T 18344—2016)，完成下表。

汽车维护分级	主要作业内容	主要工作形式	维护执行者	维护周期
日常维护				
一级维护	除日常维护作业外，			
二级维护	除一级维护作业外，			

学习任务 3：请根据教材内容及网络资源，也可以咨询专业人士，完成下表。

汽车维护人员构成	主要职责
管理员/领班	
技师领队	
业务人员	
技术员	

请记录你在学习过程中遇到的问题：

_____

_____

_____

同学们，请在课程实施过程中，按照教师的引导完成下面 2 个学习任务。

学习任务 4：学习教材第 2～15 页的内容，并根据提供的雪佛兰科鲁兹、别克威朗、一汽丰田卡罗拉等的维修手册及用户手册，完成下表。具体要求如下：

1. 组长进行分工，小组合作完成；

2. 组长安排小组成员汇报，每组汇报 2 min；

3. 本次学习任务在 15 min 内完成。

车型	汽车定期维护周期		燃油滤清器	空气滤清器	冷却液	制动液	传动带
	按行驶里程	按行驶时间					
雪佛兰科鲁兹							
别克威朗							
一汽丰田卡罗拉							

学习任务 5：学习教材第 7～15 页的内容，根据情境导入的内容，小组通过角色扮演，展示张先生从接到电话，到开车进入 4S 店接受服务，再到接受维护后续服务的全过程。具体要求如下：

1. 组长负责角色分工，小组成员熟悉各自的职责；

2. 体现汽车维护人员工作的基本原则，各个知识点要在话术中体现；

3. 体现汽车维护的基本工作流程，让客户体验高质量的服务；

4. 在教师指定的地点进行组内演练，整个过程可用手机摄录；

5. 小组自行演练 20 min，表现优秀的小组获得现场展示资格。

学习任务记录

我的角色是_____，主要职责是_____。

为了更好地完成这个角色所负责的工作任务，我将准备的话术记录如下：

_____

_____

根据教材第 13 页汽车维护的基本工作流程，开始组内表演，并简要记录过程。

_____

_____

观看教师所推荐小组的表演后，你认为各维护人员是否尽职尽责，记录你的想法。

_____

_____

_____

三、工作任务发布

1. 工作任务：做一名合格的汽车维护学员。

2. 任务要求：小组合作，学习教材第 15～20 页的内容，掌握做一名合格的汽车维护学员所需要的素质和技能，并结合工作过程，完成工作表单记录，活动时间为 30 min。

四、计划与实施

小组针对每个作业内容，总结技术规范要点，并在下表中对完成情况进行确认。

序号	作业内容	技术规范要点	完成情况
1	提前准备好学习用品，快速站队		
2	检查工装、胸卡穿戴情况，检查有无禁带物品		
3	快速、安静地进入规定教室，做好课前准备		
4	实施上课仪式，向老师问好		
5	推选小组长，积极签订学习合同		

续表

序号	作业内容	技术规范要点	完成情况
6	清点设备、工具，正确使用并及时归位		
7	按照要求进行理论及技能学习，完成工作任务		
8	认真记录和总结		
9	下课认真执行 5S 工作，排队且安静地下楼梯		

五、反馈评价

评价内容	赋分	序号	具体指标	分值	得 分		
					自评	组评	师评
仪容仪表	15	1	工作服、鞋、胸卡穿戴整洁	5			
		2	发型、指甲等符合工作要求	5			
		3	不佩戴首饰、钥匙、手表等	5			
工作安全	25	4	工作文明，不打闹	5			
		5	上下楼梯靠右侧通行	5			
		6	坐姿正确，座椅腿规范着地	5			
		7	操作过程沉着冷静	5			
		8	无人员受伤及设备损坏事故	5			
工作过程	35	9	站队迅速、整齐，学习用品齐全	5			
		10	不带违禁食品、饮料，手机关机	5			
		11	认真执行上、下课仪式，口号响亮	5			
		12	积极参与小组学习	5			
		13	正确使用工具、设备并及时归位	5			
		14	完成规定的工作任务	5			
		15	认真记录和总结	5			
职业素养	25	16	坚持出勤，遵守规章制度	5			
		17	服从安排，积极参加组内活动	5			
		18	在规定时间内完成工作，认真填写工作表单	5			
		19	节约用水、用电、用气，注意环保	5			
		20	认真执行 5S 工作	5			
综合得分				100			

六、任务测评

1. 单项选择题

(1)下列情况中，必须脱掉手套的是（　　　）。

A. 使用梅花扳手　　　B. 使用扭力扳手　　　C. 使用气门研磨机

(2)在汽车修理中，为拆下和更换六角螺栓或螺母，在不考虑空间的前提下，通常优先选择（　　　）。

A. 梅花扳手　　　　　B. 开口扳手　　　　　C. 套筒扳手

(3)关于我国汽车维修企业当前所执行的汽车维护国家标准的描述，不正确的是（　　　）。

A. 当前执行的标准是 2001 年国家颁布的 GB/T 18344—2001，即《汽车维护、检测、诊断技术规范》

B. 此标准曾在 2006 年进行了修订

C. 当前执行的标准是 2016 年国家颁布的 GB/T 18344—2016，即《汽车维护、检测、诊断技术规范》

(4)绝大多数汽车公司的经营理念决定着最优先考虑的目标群体是（　　　）。

A. 客户　　　　　　　B. 经销商、分销商　　　C. 制造商

(5)下面哪项不符合职业化的形象要求？（　　　）

A. 穿干净的制服　　　B. 一直穿防护鞋　　　C. 戴项链、戒指

(6)"分配工作给技师并监督每项工作的进程"是下面哪个职员的职责？（　　　）

A. 业务人员　　　　　B. 技师领队　　　　　C. 管理员/领班

(7)在保养检查过程中发现新的安全隐患或故障，但不是保养单中的项目，应该（　　　）。

A. 自行修理　　　　　B. 不予修理　　　　　C. 通知管理员/领班告知客户后定夺

(8)下列不属于安全生产现象的是（　　　）。

A. 戴手套操作砂轮机或手电钻　　　　　B. 工作时不抽烟

C. 不搬运过重的物品

(9)下列哪个零部件在每次定期维护时都要更换？（　　　）

A. 空气滤清器　　　　B. 机油滤清器　　　　C. 燃油滤清器

(10)下列哪个现象体现了维护人员不爱护客户车辆？（　　　）

A. 维护时使用座椅套、翼子板布、前格栅布、方向盘套和地板垫

B. 在客户车内不抽烟

C. 使用客户的音响设备或车内电话

(11)汽车维护基本工作中"预约"的承担人员一般是（　　　）。

A. 领班　　　　　　　B. 技师　　　　　　　C. 业务人员

(12)进入车间或学校实训教学楼时，学员可以携带的饮品有(　　)。

A. 可乐　　　　　　　　B. 纯净水　　　　　　　C. 奶茶

2. 判断题(对的打√，错的打×)

(1)维护周期可以根据行驶里程以及前次维护至当前的时间来决定。　　　　(　　)

(2)随着车型和使用条件的不同，检查及更换必要部件的时间间隔也应不同。(　　)

(3)空气滤清器只要表面不脏，就不需要更换。　　　　　　　　　　　　　(　　)

(4)上下楼梯时靠右侧通行，禁止奔跑和打闹。　　　　　　　　　　　　　(　　)

(5)车辆的日常维护一般由驾驶人进行。　　　　　　　　　　　　　　　　(　　)

(6)在对客户车辆进行维护时，可以使用车辆的音响设备。　　　　　　　　(　　)

(7)如果发现车辆还有不包括在维修条款内的其他地方需要维修，可以立即维修。

　　　　　　　　　　　　　　　　　　　　　　　　　　　　　　　　　(　　)

(8)非营运的乘用车使用年限为 10 年，超过后要强制报废。　　　　　　　(　　)

任务 2　5S 现场管理

一、情境导入

张先生开着他的别克威朗轿车，到达别克 4S 店。售后服务专员李小姐热情地进行了接待，经过对车辆初步检查并和张先生确定相关信息后，她把车辆交给了维修技师。然后，售后服务专员李小姐把张先生带到客户休息区，张先生在享受茶饮的同时，还可以通过透明的玻璃墙观看自己的爱车被维护的过程。他看到了整洁有序的车间环境、统一着装的维修技师、技师娴熟的维修动作，脸上露出了满意的微笑……

二、知识储备

同学们，为了完成本次工作任务，请在课前预习教材第 21～23 页的内容，熟悉相关应知应会的知识点，并完成下面 2 个学习任务。

学习任务 1: 请扫描二维码观看视频《北京别克 GL8 变速箱维修车间环境》，写出你的评价。

1. 车间的整体环境怎么样？ _____

2. 维修设备、工作台等布置得怎么样？ _____

3. 技师的维修作业是否专业？ _____

4. 还有哪些印象？ _____

学习任务 2：学习教材第 21~23 页的内容，把关键信息填入下表。

5S 项目	定义	目的
整理 Seiri	区分必需品和非必需品，现场不放置非必需品	
整顿 Seiton		场所一目了然，工作秩序井井有条，消除找寻物品的时间
清扫 Seiso	一个使工作场地内所有物品保持干净的过程	
清洁 Seiketsu		防止任何可能问题的发生，使清洁成为惯例和制度（这是标准化的基础），形成企业文化
修养 Shitsuke	广泛培训，使员工成为自律的企业员工。对于规定了的事，大家都要遵守执行	

请记录你在学习过程中遇到的问题：

_____

_____

_____

同学们，为了完成本次工作任务，请在课程实施过程中，按照教师的引导完成下面的学习任务。

学习任务 3：在组长的带领下，对理论教室、实训车间、设备间、工具间、洗手间、楼道楼梯等场所进行检查，并按照 5S 现场管理理念，把检查结果填入下表。具体要求如下：

1. 组长进行分工，小组成员合作完成，可以安排组员拍照或拍视频留存证据；

2. 组长安排小组成员汇报，每组汇报 3 min；

3. 本次学习任务在 30 min 内完成。

场所	检查记录	整改措施
理论教室	桌椅摆放：	
	文具摆放：	
	室内卫生：	
	电源电器：	
实训车间	教学车辆：	
	维修设备：	
	工具仪器：	
	环境卫生：	
	电源电器：	

续表

场所	检查记录	整改措施
设备间	货架摆放：	
	设备摆放：	
	环境卫生：	
工具间	货架摆放：	
	工具摆放：	
	环境卫生：	
洗手间		
楼道楼梯		

三、工作任务发布

1. 工作任务：5S现场管理。

2. 任务要求：小组成员合作，学习教材第23～27页的内容，掌握5S现场管理所需要的素质和要求，并结合工作过程，完成工作表单记录。活动时间为30 min。

四、计划与实施

小组针对每个作业内容，总结技术规范要点，并在下表中对完成情况进行确认。

序号	作业内容	技术规范要点	完成情况
1	整理车间，丢掉非必需品		
2	整顿工具车，按照规范摆放工具		
3	清扫并拖净地面，使地面保持干净		
4	正确擦拭车辆、玻璃和车间设备		
5	正确处理地面油污		
6	学习相关规章制度，签订安全责任书		

五、反馈评价

评价内容	赋分	序号	具体指标	分值	得 分		
					自评	组评	师评
仪容仪表	15	1	工作服、鞋、胸卡穿戴整洁	5			
		2	发型、指甲等符合工作要求	5			
		3	不佩戴首饰、钥匙、手表等	5			
工作安全	25	4	工作文明，不打闹	5			
		5	不搬运超过承受能力的重物	5			
		6	不私自动电气设备	5			
		7	不玩工具	5			
		8	无人员受伤及设备损坏事故	5			
工作过程	35	9	整理车间认真、规范	5			
		10	整顿工具车认真、规范	5			
		11	清扫并拖净地面	5			
		12	门窗玻璃擦拭规范、干净	5			
		13	擦拭车辆规范，不划伤车身涂层	5			
		14	及时处理废弃物	5			
		15	严格要求自己，自律性强	5			
职业素养	25	16	坚持出勤，遵守规章制度	5			
		17	服从安排，积极参加组内活动	5			
		18	在规定时间内完成工作，认真填写工作表单	5			
		19	节约用水、用电、用气，注意环保	5			
		20	认真执行 5S 工作	5			
综合得分				100			

六、任务测评

1. 单项选择题

(1)下列关于 5S 概念的相关描述，正确的是(　　)。

A. Seiri(整理)就是把需要的工具、部件与不需要的分开，并把那些不需要的存放在车间不影响工作的地方

B. Seiton(整顿)就是弃置不需要的工具和部件

C. Seiso(清扫)就是使工作车间内的所有物品保持干净状态，以便它们在任何时候都能保持功能正常

（2）关于整顿的描述，不正确的是（　　　）。

A. 小心存放物品很重要，同样，丢弃不必要的物品也很重要

B. 将很少使用的工具放在单独的地方

C. 将常用的工具放在身边

（3）关于修养的描述，不正确的是（　　　）。

A. 广泛培训，使员工成为自律的企业员工

B. 对于规定了的事，大家都要遵守执行

C. 每位员工可以按照自己的喜好工作

（4）工作场地地面洒漏机油，处理方法不正确的是（　　　）。

A. 要用锯末、废纸等先对油污进行吸附处理

B. 可以直接用干净的拖布进行处理

C. 可以先忙手头的工作，完成后再进行处理

（5）关于工具车中工具的摆放和使用，不正确的是（　　　）。

A. 常用的工具摆放在第一层，不常用的工具摆放在下层

B. 工具使用完毕后及时清洁，并放回规定的位置

C. 为了提高效率，工具车使用完毕后不用清点、不用上锁

2. **判断题（对的打√，错的打×）**

（1）清洁是指努力保持整理、整顿、清扫状态的过程。　　　　　　　　　　（　　）

（2）通过立即抛弃任何不需要的物品来提高作业空间使用效率的做法是整顿。（　　）

（3）当地面有较多油污时，可用拖布及时拖干净。　　　　　　　　　　　（　　）

（4）整理是指合理布局工具和零件的过程，将寻找时间减少为零。　　　　（　　）

（5）在清洁车间设备的过程中，可以不必关掉设备电源或气源。　　　　　（　　）

任务3　车辆的基本防护和安全检查

一、情境导入

　　张先生开着他的别克威朗轿车，到达别克4S店。售后服务专员李小姐热情地进行了接待，先用三件套对车辆驾驶室内的座椅、方向盘、地板进行了防护，然后记录了仪表板上的相关信息，又对车辆进行了环车检查后，和张先生确定了相关信息，最后她把车辆交给了维修技师。张先生在客户休息区，在享受茶饮的同时，还可以通过透明的玻璃墙观看自己的爱车被维护的过程。

二、知识储备

同学们，为了完成本次工作任务，请在课前预习教材第 28～30 页的内容，熟悉相关应知应会的知识点，并完成下面 3 个学习任务。

学习任务 1：写出车辆基本防护的目的。

1. 防止客户车内进入＿＿＿＿＿＿＿或沾染＿＿＿＿＿＿＿；

2. 防止划伤或腐蚀＿＿＿＿＿＿＿＿＿＿＿＿＿＿＿＿＿＿＿＿＿＿＿＿＿＿＿＿＿＿＿；

3. 防止车辆＿＿＿＿＿＿＿，造成安全隐患。

学习任务 2：扫描教材中的车辆基本防护二维码，结合其中的内容把关键信息填入下表。

防护位置	防护器材	材质	个数
驾驶室内	座椅套	塑料或皮革	1～2
车辆前部	翼子板布		
		金属、橡胶或木材	

学习任务 3：扫描教材中的车辆安全检查二维码，结合其中的内容把关键信息填入下表。

检查内容	检查结果要求	检查方法
冷却液液位	储液罐内有冷却液，液位正常	目视
机油液位		
制动液液位		
洗涤液液位		
自动变速器油位		
蓄电池电压		

请记录你在学习过程中遇到的问题：

＿＿

＿＿

＿＿

三、工作任务发布

1. 工作任务：车辆的基本防护和安全检查。

2. 任务要求：小组合作，学习教材第 32～42 页的内容，并结合工作过程，完成工作表单记录。活动时间为 45 min。

四、计划与实施

小组针对每个作业内容，总结技术规范要点，并在下表中对完成情况进行确认。

序号	作业内容	技术规范要点	完成情况
1	检查车辆在举升机工位上的停放是否周正		
2	在两个后轮前后正确放置车轮挡块		
3	使用钥匙正确打开驾驶侧车门		
4	方向盘解锁，将点火开关旋至 ON 的位置		
5	降下车窗玻璃		
6	放置地板垫		
7	安装方向盘套		
8	安装座椅套		
9	打开并牢固支撑发动机舱盖		
10	安装翼子板布和前格栅布		
11	插入汽车尾气抽排管		
12	检查机油液位		
13	检查自动变速器油位		
14	检查冷却液液位		
15	检查蓄电池电压		
16	收起翼子板布和前格栅布并放至规定位置		
17	盖上发动机舱盖		

续表

序号	作业内容	技术规范要点	完成情况
18	收起尾气抽排管		
19	收起三件套，并丢弃到垃圾桶		
20	升起车窗玻璃，取下钥匙，锁好车门		
21	收起车轮挡块，并放到规定位置		
22	5S 工作		

五、反馈评价

评价内容	赋分	序号	具体指标	分值	得 分		
					自评	组评	师评
仪容仪表	15	1	工作服、鞋、胸卡穿戴整洁	5			
		2	发型、指甲等符合工作要求	5			
		3	不佩戴首饰、钥匙、手表等	5			
工作安全	25	4	工作文明，不打闹	5			
		5	确认车辆停放位置正确	5			
		6	不私自动电气设备	5			
		7	不玩工具	5			
		8	无人员受伤及设备损坏事故	5			
工作过程	35	9	车轮挡块放置规范	4			
		10	三件套安装规范	4			
		11	正确打开并支撑起发动机舱盖	4			
		12	翼子板布和前格栅布放置规范	4			
		13	机油液位检查规范正确	4			
		14	自动变速器油位检查规范正确	4			
		15	制动液、冷却液、清洗液液位检查规范正确	4			
		16	蓄电池电压检查规范正确	4			
		17	复位工作做得规范正确	3			

续表

评价内容	赋分	序号	具体指标	分值	得　分		
					自评	组评	师评
职业素养	25	18	坚持出勤，遵守规章制度	5			
		19	服从安排，积极参加组内活动	5			
		20	在规定时间内完成工作，认真填写工作表单	5			
		21	节约用水、用电、用气，注意环保	5			
		22	认真执行 5S 工作	5			
综合得分				100			

六、任务测评

1. 单项选择题

(1)检查冷却液液位时，如发现液位在"LOW"标线下方，应进行的操作是(　　)。

A. 报出"液位过高"并及时放出部分液体

B. 报出"液位过低"并及时补充部分液体

C. 报出"液位过低"不用补充部分液体

(2)关于车辆基本防护的目的，下面说法不正确的是(　　)。

A. 防止客户车内进入灰尘或沾染脏污　　　　B. 防止划伤或腐蚀车身涂层

C. 做样子给客户看

(3)车辆维修作业中，如果需要起动发动机，在安全检查时必须检查(　　)。

A. 机油液位　　　　B. 动力转向液液位　　C. 自动变速器油位

(4)新加注机油后检查机油液位时，正确的液位应处于(　　)。

A. 接近最高位　　　　B. 接近最低位

C. 最低位和最高位中间，略偏向最高位

(5)关于车轮挡块放置的说法，不正确的是(　　)。

A. 车轮挡块可放置在任意车轮的前后

B. 车轮挡块要与轮胎外边沿平齐

C. 挡块斜面不必与轮胎紧密接触

(6)关于三件套的说法，不正确的是(　　)。

A. 三件套一般指座椅套、方向盘套和地板垫

B. 放置三件套的主要目的是防止维修作业时脏污客户车辆

C. 三件套可以根据客户是否在场确定是否安装

(7)关于翼子板布和前格栅布的使用，说法不正确的是(　　)。

A. 翼子板布和前格栅布要有效遮挡车身部位，上边缘与翼子板和前格栅上部边缘

平齐

　　B. 用内部的磁铁牢牢吸住金属部分，并配合使用挂钩钩住车身结构部件

　　C. 可以通过在车身上面滑动，放置到正确的位置

　　(8)在检查冷却液和制动液时，说法不正确的是(　　)。

　　A. 可以通过摇晃储液罐的方式判断里面是否有液体

　　B. 可以通过目视，并借助手电筒的光束来检查液位

　　C. 如果储液罐中液位过低，应及时补充规定的液体

　　2. 判断题(对的打√，错的打×)

　　(1)车轮挡块只能放在前轮的前面和后面。　　　　　　　　　　　(　　)

　　(2)盖上发动机舱盖时，可以用双手按压舱盖中间部位，确保关闭严密。　(　　)

　　(3)车辆的基本防护主要包括驾驶室内的防护和车辆前部、车身外部的防护。(　　)

　　(4)车辆安全检查的主要项目一般有"一油三液"，主要指发动机机油、冷却液、制动液和洗涤液。　　　　　　　　　　　　　　　　　　　　　　　　(　　)

　　(5)蓄电池的静态电压一般不能低于 12 V，确保发动机起动正常。　(　　)

　　(6)地板垫放置时没有正反面和方向，可以随便安放。　　　　　(　　)

　　(7)三件套使用完毕后，集中放在同一个垃圾收集桶内。　　　　(　　)

任务 4　举升机的规范使用

一、情境导入

　　张先生在客户休息区享受茶饮的同时，通过透明的玻璃墙观察自己的爱车被维护的过程，他看到维修技师用举升机把车平稳地举升到高处，在车下进行了相关作业后，又把车安全地降了下来，他感到很好奇，这么重的车，举升机是如何安全举升和下降的呢？

二、知识储备

　　同学们，为了完成本次工作任务，请在课前预习教材第 43～48 页的内容，熟悉相关应知应会的知识点，并完成下面 3 个学习任务。

　　学习任务 1：扫描二维码了解车辆举升机的类型，结合教材把关键信息填入下表。

举升机的类型	车辆举升的方法	支撑的部位	注意事项
板条型 (剪式举升机)			

续表

举升机的类型	车辆举升的方法	支撑的部位	注意事项
摆臂型 （立柱举升机）			
柱提升型 （四立柱举升机）			

　　学习任务 2：扫描二维码了解举升机的基本顶起位置，结合教材及相关资料把关键信息填入下表。

举升机的基本顶起位置	图例	主要维修作业项目
举升机未升起		车辆维修的基本位置，可进行车身外观的维修、发动机舱维修、乘客舱维修等
举升机升至低位		
举升机升至中位		
举升机升至高位		
举升机降至低位，轮胎触及地面		车辆维修过程中的位置，可进行油液检查与加注、车辆运转状况的检查等

学习任务 3：结合教材第 48～49 页的内容及相关资料，把举升机操作注意事项的关键信息填入下表。

注意内容	注意要点	主要原因
举升机升降前	安全检查并大声提醒	防止人员受伤及设备损坏
车轮离开地面		
大件行李		
车辆支撑		
整车重量		
带有空气悬架的车辆		
拆装大部件		
车门状态		
未完成作业		

请记录你在学习过程中遇到的问题：

_____

_____

同学们，为了完成本次工作任务，请在课程实施过程中，按照教师的引导完成以下学习任务。

学习任务 4：在组长的带领下，对教师指定的实训车间内的举升机进行观察，把观察结果填入下表。具体要求如下：

1. 组长进行分工，小组成员合作完成，可以安排组员拍照或拍视频留存证据；

2. 组长安排小组成员汇报，每组汇报 3 min；

3. 本次学习任务在 30 min 内完成。

场所	观察记录
实训车间 （　）	举升机的类型：
	控制柜的按键记录：
	举升机的动力来源（气压/液压）：
	举升机附件是否齐全：
实训车间 （　）	举升机的类型：
	控制柜的按键记录：
	举升机的动力来源（气压/液压）：
	举升机附件是否齐全：

续表

场所	观察记录
实训车间 （　　）	举升机的类型：
	控制柜的按键记录：
	举升机的动力来源(气压/液压)：
	举升机附件是否齐全：

三、工作任务发布

1. 工作任务：举升机的规范操作。

2. 任务要求：小组合作，学习教材第 48～54 页的内容，并结合工作过程，完成工作表单记录。活动时间为 45 min。

四、计划与实施

小组针对每个作业内容，总结技术规范要点，并在下表中对完成情况进行确认。

序号	作业内容	技术规范要点	完成情况
1	检查车辆在举升机位上的停放是否周正		
2	在两个后轮前后正确放置车轮挡块		
3	安装三件套，拉紧驻车制动器手柄		
4	取出行李舱中的大件行李		
5	正确安装举升机支撑垫块		
6	可以二人配合，观察无障碍物后，发出举升指令		
7	检查垫块支撑位置是否正确，支撑是否牢固		
8	检查车辆支撑是否牢固		
9	取出车轮挡块并放在规定位置		
10	举升车辆至工作位置		

续表

序号	作业内容	技术规范要点	完成情况
11	确认举升机锁止机构安全锁止,关闭举升机电源		
12	可以二人配合,观察无障碍物后,发出下降指令		
13	将车辆安全降至举升位置		
14	安装车轮挡块,关闭举升机电源		
15	安装车轮挡块		
16	取出举升机支撑垫块并放至规定位置		
17	将大件行李放回行李舱中		
18	收起三件套,按规定要求丢弃到垃圾桶		
19	取下钥匙,锁好车门		
20	收起车轮挡块,放到规定位置		
21	5S 工作		

五、反馈评价

评价内容	赋分	序号	具体指标	分值	得 分		
					自评	组评	师评
仪容仪表	15	1	工作服、鞋、胸卡穿戴整洁	5			
		2	发型、指甲等符合工作要求	5			
		3	不佩戴首饰、钥匙、手表等	5			
工作安全	25	4	工作文明,不打闹	5			
		5	确认车辆停放位置正确	5			
		6	升降举升机时大声提醒	5			
		7	升降举升机时注意观察	5			
		8	无人员受伤及设备损坏事故	5			

续表

评价内容	赋分	序号	具体指标	分值	得分		
					自评	组评	师评
工作过程	35	9	车辆挡块放置规范	4			
		10	三件套安装规范	4			
		11	取出行李舱中的大件行李	4			
		12	正确放置支撑垫块并正确检查	4			
		13	正确检查车辆支撑是否牢固	4			
		14	举升机上升操作规范、正确	4			
		15	举升机下降操作规范、正确	4			
		16	举升机能正确锁止和规范解锁	4			
		17	复位工作做得规范、正确	3			
职业素养	25	18	坚持出勤，遵守规章制度	5			
		19	服从安排，积极参加组内活动	5			
		20	在规定时间内完成工作，认真填写工作表单	5			
		21	节约用水、用电、用气，注意环保	5			
		22	认真执行 5S 工作	5			
综合得分				100			

六、任务测评

1. 单项选择题

(1)举升机操作过程中不正确的做法是(　　)。

A. 正确安装支撑垫块

B. 升降过程中两人配合，大声提醒

C. 不必检查支撑情况

(2)举升机在定期作业过程中不正确的做法是(　　)。

A. 检查障碍物

B. 未取出大件行李

C. 按照维修手册选择支撑位置

(3)举升机举起车辆后进行维修作业，不规范的是(　　)。

A. 安全锁止后方可作业

B. 拆除大部件时要小心

C. 旋松过紧螺栓时剧烈晃动

(4)举升机下降操作时，不规范的是(　　)。

A. 不必大声提醒和观察，直接下降

B. 可以先上升再下降

C. 下降过程中注意力集中

2. 判断题(对的打√，错的打×)

(1)操作举升机时车辆必须空载。　　　　　　　　　　　　　　　　(　　)

(2)操作举升机时手刹必须拉起。　　　　　　　　　　　　　　　　(　　)

(3)操作举升机过程中可在车下工作。　　　　　　　　　　　　　　(　　)

(4)在举升车辆之前，要取出大件行李，确保重心稳定。　　　　　　(　　)

(5)举升机升到工作位置时，不用安全锁止即可作业。　　　　　　　(　　)

项目 **2**
汽车的日常维护

任务 1　车身外观及附属设施的检查与维护

一、知识储备

同学们，为了完成本次工作任务，请在课前预习教材第 56～59 页的内容，熟悉相关应知应会的知识点，并完成下面 2 个学习任务。

学习任务 1：学习教材第 56～59 页，独立完成下面的任务。

车身外观及附属设施的检查与维护的重要性有：

1. 可以及时发现问题，_____；

2. 发现问题及时向客户汇报，_____；

3. 减少了维修技术人员不必要的检查时间，_____。

学习任务 2：请根据教材内容，完成下表。

作业项目	主要作业内容
车身外观及附属设施的检查与维护	

二、工作任务发布

1. 工作任务：车身外观及附属设施的检查与维护。

2. 任务要求：学习教材第 60～63 页的内容，扫描二维码观看相应视频，掌握车身外观及附属设施的检查与维护方法，并结合工作过程，完成工作表单记录。

三、计划与实施

活动 1：通过任务视频，结合教材第 60~63 页，明确本次任务的主要作业内容和技术规范要点，完成下表。

序号	主要作业内容	技术规范要点
1	检查车身漆面是否刮伤	检查车身涂层有无_____、_____
2	检查车身有无严重撞击变形	检查车身表面有无_____撞击变形
3	检查车身有无倾斜	站在车身_____目视检查，看车辆左右有无倾斜；站在车身_____目视检查，看车辆前后有无倾斜
4	检查保险杠是否损伤	检查保险杠有无_____、_____
5	检查各后视镜是否完好	检查后视镜有无_____、_____
6	检查风窗玻璃是否有裂纹	检查前后风窗玻璃有无_____、_____
7	观察进风口或进风格栅处是否有杂物	检查进风口或进风格栅处是否有_____
8	检查车灯安装状况	检查各灯泡是否_____；检查灯罩是否有_____
9	检查轮胎外观和气压是否正常	检查轮胎有无_____；检查同轴两侧花纹是否_____；检查轮胎气压是否_____
10	检查车身底部有无油液渗漏	检查车辆底部有无_____
11	检查灭火器等随车安全设备及工具是否齐全	检查车载灭火器和随车工具是否_____

活动 2：根据任务表单，进行具体任务实施，并在下表中对完成情况进行确认。

序号	作业内容	完成情况
1	车辆基本防护和安全检查	
2	检查车身漆面是否刮伤	
3	检查车身有无严重撞击变形	
4	检查车身有无倾斜	
5	检查保险杠是否损伤	
6	检查各后视镜是否完好	
7	检查风窗玻璃是否有裂纹	
8	检查进风口或进风格栅处是否有杂物	

续表

序号	作业内容	完成情况
9	检查车灯安装状况	
10	检查轮胎外观和气压是否正常	
11	检查车身底部有无油液渗漏	
12	检查灭火器等随车安全设备及工具是否齐全	
13	5S工作	

活动3：结合实际车辆的维修手册或用户手册，将检查结果填入下表。

车型：	VIN码：	行驶里程：
作业内容	检查结果	结果判定
灭火器的数量		
灭火器放置位置		
灭火器的有效期		

四、反馈评价

评价内容	赋分	序号	具体指标	分值	得分 自评	得分 组评	得分 师评
仪容仪表	15	1	工作服、鞋、胸卡穿戴整洁	5			
		2	发型、指甲等符合工作要求	5			
		3	不佩戴首饰、钥匙、手表等	5			
工作安全	25	4	工作文明，不打闹	5			
		5	确认车辆停放位置正确	5			
		6	按动检查时用力适中	5			
		7	发现问题及时报告	5			
		8	无人员受伤及设备损坏事故	5			
工作过程	35	9	车辆基本防护和安全检查	2			
		10	检查车身漆面是否刮伤	3			
		11	检查车身有无严重撞击变形	3			
		12	检查车身有无倾斜	3			
		13	检查保险杠是否损伤	3			
		14	检查各后视镜是否完好	3			
		15	检查风窗玻璃是否有裂纹	3			

续表

评价内容	赋分	序号	具体指标	分值	得 分		
					自评	组评	师评
工作过程	35	16	检查进风口或进风格栅处是否有杂物	3			
		17	检查车灯安装状况	3			
		18	检查轮胎外观和气压是否正常	3			
		19	检查车身底部有无油液渗漏	3			
		20	检查灭火器等随车安全设备及工具是否齐全	3			
职业素养	25	21	坚持出勤，遵守规章制度	5			
		22	服从安排，积极参加组内活动	5			
		23	在规定时间内完成工作，认真填写工作表单	5			
		24	节约用水、用电、用气，注意环保	5			
		25	认真执行 5S 工作	5			
综合得分				100			

五、任务测评

1. 单项选择题

(1)下列情况下，不属于车身外观及附属设施检查的重要性的是(　　)。

A. 可以及时发现问题，视情况进行维护，延长汽车使用寿命，确保行车安全

B. 发现问题及时向客户汇报，并提出维修建议，可提高客户满意度，避免出现维修纠纷

C. 增加了维修技术人员不必要的检查时间，降低了工作效率

(2)进风口或进风格栅处有杂物，不可能造成(　　)。

A. 空调系统工作不正常　　　　　　　　B. 冷却系统工作不正常

C. 制动系统工作不正常

(3)关于检查车身有无倾斜，下面说法不正确的是(　　)。

A. 站在车身前后目视检查，看车辆左右有无倾斜

B. 站在车身左右目视检查，看车辆前后有无倾斜

C. 只在车头处检查即可

(4)前风窗玻璃出现微小裂纹，容易造成的安全隐患是(　　)。

A. 影响行车视线

B. 当颠簸时易导致整块玻璃破碎

C. 影响美观

(5)润滑车门铰链，可以用(　　　)。

A. 发动机机油

B. 润滑油

C. 车门铰链专用润滑油

2．判断题(对的打√，错的打×)

(1)车身外观检查是汽车维护业务员的工作职责，驾驶人不需要完成。　　　(　　)

(2)车身漆面有刮伤或划痕，只要不伤到底漆，都没关系，不用及时修复。　　(　　)

(3)车身倾斜一般与轮胎尺寸、悬架变形、车身变形等因素有关，为确保行车安全，应及时检查维护。　　　　　　　　　　　　　　　　　　　　　　　　　(　　)

(4)车辆保险杠是汽车主动安全装置之一。　　　　　　　　　　　　　　(　　)

(5)轮胎气压不仅关系到车辆的舒适性、经济性等，更关系到安全性，需在每次行车前和行车时进行检查。　　　　　　　　　　　　　　　　　　　　　　(　　)

任务 2　车身功能部件的检查与维护

一、知识储备

同学们，为了完成本次工作任务，请在课前预习教材第64～66页的内容，熟悉相关应知应会的知识点，并完成下面的学习任务。

学习任务：学习教材第64～66页的内容，独立完成下面的任务。

车身功能部件的检查与维护是汽车维护技术人员进行_____的基本工作项目。汽车车身功能部件良好是维持_____和_____的重要保障，是提高_____的重要前提。

车身功能部件主要包括_____、_____、_____、_____、发动机舱盖、行李舱门、_____、扬声器。

二、工作任务发布

1．工作任务：车身功能部件的检查与维护

2．任务要求：学习教材第67～71页的内容，扫描二维码观看相应视频，掌握车身功能部件的检查与维护方法，并结合工作过程，完成工作表单记录。

三、计划与实施

通过任务视频，结合教材，明确本次任务的主要作业内容，填写下表中的技术规范要点，并在具体任务实施后确认完成情况。

序号	作业内容	技术规范要点	完成情况
1	车辆基本防护和安全检查		
2	检查座椅螺栓、螺母是否松动，座椅有无损坏	无_____、_____。	
3	检查座椅调整功能是否正常	按照座椅_____、_____、_____的顺序进行	
4	检查安全带锁止功能	慢拉安全带伸缩应_____，快拉应能_____	
5	检查安全带螺栓、螺母是否松动	分别在两端用_____方式检查	
6	检查车门螺栓、螺母是否松动，必要时进行润滑	检查铰链是否缺油，如缺，用_____润滑	
7	检查车门上锁和开锁功能是否正常	先检查_____功能是否正常，再用_____检查遥控上锁和开锁功能是否正常	
8	检查车窗有无损坏，玻璃升降器及主控制开关(仅玻璃升降)的工作是否正常	分别按下和提起，车窗能_____和_____	
9	检查行李舱门解锁和锁止功能是否正常	盖上行李舱门，锁止机构能_____	
10	检查行李舱门螺栓、螺母是否松动	用_____润滑行李舱门铰链	
11	检查发动机舱盖解锁和锁止功能是否正常	拉起发动机舱盖释放杆，发动机舱盖应_____；盖上发动机舱盖，锁止机构能_____	
12	检查发动机舱盖螺栓、螺母是否松动	用_____搬动发动机舱盖，_____小幅度摇摆	
13	检查方向盘解锁和锁止功能是否正常	插上钥匙，一边_____，一边旋转钥匙到_____，方向盘解锁	

续表

序号	作业内容	技术规范要点	完成情况
14	检查方向盘位置调整功能是否正常	根据_____调整方向盘高低、前后位置	
15	检查扬声器功能是否正常	打开点火开关，在_____处任意位置按下扬声器，观察是否正常；一边旋转方向盘，一边_____，观察是否正常	
16	5S 工作		

四、反馈评价

评价内容	赋分	序号	具体指标	分值	得　分		
					自评	组评	师评
仪容仪表	15	1	工作服、鞋、胸卡穿戴整洁	5			
		2	发型、指甲等符合工作要求	5			
		3	不佩戴首饰、钥匙、手表等	5			
工作安全	25	4	工作文明，不打闹	5			
		5	确认车辆停放位置正确	5			
		6	按动检查时用力适中	5			
		7	发现问题及时报告	5			
		8	无人员受伤及设备损坏事故	5			
工作过程	35	9	车辆基本防护和安全检查	3			
		10	检查汽车座椅	3			
		11	检查安全带	3			
		12	检查车门	3			
		13	检查车窗	3			
		14	检查行李舱门	3			
		15	检查发动机舱盖	3			
		16	检查方向盘	3			
		17	检查扬声器	3			
		18	使用梅花扳手紧固螺栓或螺母	4			
		19	各铰链处用专用润滑剂润滑	4			

续表

评价内容	赋分	序号	具体指标	分值	得　分		
					自评	组评	师评
职业素养	25	20	坚持出勤，遵守规章制度	5			
		21	服从安排，积极参加组内活动	5			
		22	在规定时间内完成工作，认真填写工作表单	5			
		23	节约用水、用电、用气，注意环保	5			
		24	认真执行 5S 工作	5			
综合得分				100			

五、任务测评

判断题（对的打√，错的打×）

(1)行车前，驾驶人应根据自己的情况调整座椅位置，检查后视镜角度等。　（　　）

(2)驾驶人检查扬声器时，只需在直线位置按下扬声器按钮，检查是否正常发声。

（　　）

(3)当驾驶人打开车门，听见吱呀吱呀的响声时，只要不影响使用，可以不去管它。

（　　）

(4)方向盘解锁的方法是插上钥匙，同时转动方向盘，在 ON 位置时，方向盘可以自由转动，说明解锁成功。　（　　）

(5)安全带是车辆被动安全装置之一，当发生危险时，可以减小伤害，因此，每次行车前，应按要求检查安全带的拉伸和卷收功能是否正常，锁扣是否可以锁住安全带。

（　　）

任务 3　汽车工作液的检查与维护

一、知识储备

同学们，为了完成本次工作任务，请在课前预习教材第 72～73 页的内容，熟悉相关应知应会的知识点，并完成下面的学习任务。

学习任务：学习教材第 72～73 页的内容，独立完成下表。

汽车工作液	作用	检查方法
发动机机油		

续表

汽车工作液	作用	检查方法
自动变速器油液		
冷却液		
制动液		
玻璃清洗液		

二、工作任务发布

1. 工作任务：汽车工作液的检查与维护。

2. 任务要求：学习教材第 73～76 页的内容，扫描二维码观看相应视频，掌握汽车工作液的检查与维护方法，并结合工作过程，完成工作表单记录。

三、计划与实施

活动 1：通过任务视频，结合教材，明确本次任务的主要作业内容，填写下表中的技术规范要点。活动时间为 30 min。

序号	主要作业内容	技术规范要点
1	检查发动机机油液位	
2	检查自动变速器油位	
3	检查冷却液液位	
4	检查制动液液位	
5	检查玻璃清洗液液位	

活动 2：根据任务表单，进行具体任务实施，并在下表中进行完成情况确认。

序号	作业内容	完成情况
1	车辆基本防护和安全检查	
2	检查发动机机油液位	
3	检查自动变速器油位	
4	检查冷却液液位	

续表

序号	作业内容	完成情况
5	检查制动液液位	
6	检查玻璃清洗液液位	
7	5S 工作	

活动 3：结合实际车辆的维修手册或用户手册，完成下表的填写。活动时间为 30 min。

车型：	VIN 码：	行驶里程：

作业内容	检查结果	结果判定
发动机机油液位		
自动变速器油位		
冷却液液位		
制动液液位		
玻璃清洗液液位		

四、反馈评价

评价内容	赋分	序号	具体指标	分值	得分		
					自评	组评	师评
仪容仪表	15	1	工作服、鞋、胸卡穿戴整洁	5			
		2	发型、指甲等符合工作要求	5			
		3	不佩戴首饰、钥匙、手表等	5			
工作安全	25	4	工作文明，不打闹	5			
		5	确认车辆停放位置正确	5			
		6	按动检查时用力适中	5			
		7	发现问题及时报告	5			
		8	无人员受伤及设备损坏事故	5			
工作过程	35	9	车辆基本防护和安全检查	5			
		10	检查发动机机油液位	6			
		11	检查自动变速器油位	6			
		12	检查冷却液液位	6			
		13	检查制动液液位	6			
		14	检查玻璃清洗液液位	6			

续表

评价内容	赋分	序号	具体指标	分值	得　分		
					自评	组评	师评
职业素养	25	15	坚持出勤，遵守规章制度	5			
		16	服从安排，积极参加组内活动	5			
		17	在规定时间内完成工作，认真填写工作表单	5			
		18	节约用水、用电、用气，注意环保	5			
		19	认真执行 5S 工作	5			
综合得分				100			

五、任务测评

1. 单项选择题

(1)发动机日常检查与维护的项目有(　　)。

A. 发动机温度

B. 点火正时

C. 发动机机油、制动液、冷却液量

D. 发动机有无异响

(2)检查发动机机油时，应把车停在平坦的地面上，在发动机(　　)检查。

A. 熄火后立即　　　　　　　　　　B. 怠速时

C. 高转速时　　　　　　　　　　　D. 冷车起动之前或熄火 30 min 后

(3)行驶途中停车时，应检查各部位有无漏水、(　　)、漏气等现象。

A. 漏雨　　　　　B. 漏电　　　　　C. 漏油　　　　　D. 漏光

(4)检查冷却液液位时，如发现液位在 LOW 标线下方，应进行的操作是(　　)。

A. 报出"液位过高"并及时放出部分液体

B. 报出"液位过低"并及时补充部分液体

C. 报出"液位过低"不用补充液体

(5)新加注发动机机油后检查机油液位时，正确的液位应处于(　　)。

A. 接近最高位　　　　　　　　　　B. 接近最低位

C. 最低和最高位中间，略偏向最高位

2. 判断题(对的打√，错的打×)

(1)补充发动机机油时，要防止杂物进入注油口，油面高度可以超过 FULL 线。

(　　)

(2)检查自动变速器油位时应在车辆熄火状态。　　　　　　　　　　(　　)

(3)检查自动变速器油位时，挡位应由 P 挡至 L 挡，再由 L 挡至 P 挡，在车辆怠速

稳定后进门检查。　　　　　　　　　　　　　　　　　　　　　（　）

　　（4）汽车制动液决定着汽车的制动效果，关系驾驶人的生命安全，因此，每次行车前都应认真检查。　　　　　　　　　　　　　　　　　　　　　　　　　　（　）

　　（5）自动变速器油尺上有两组标记，COOL 和 HOT，检查时随便哪一组标记作为参照物都可以。　　　　　　　　　　　　　　　　　　　　　　　　　　　（　）

任务 4　制动装置的检查与维护

一、知识储备

　　同学们，为了完成本次工作任务，请在课前预习教材第 77～78 页的内容，熟悉相关应知应会的知识点，并完成下面的学习任务。

　　学习任务：学习教材第 77～78 页的内容，独立完成下面的任务。

　　1. 汽车制动装置的作用：_____。

　　2. 汽车制动装置的检查与维护包括哪些内容？

　　_____。

二、工作任务发布

　　1. 工作任务：制动装置的检查与维护。

　　2. 任务要求：学习教材第 78～80 页的内容，扫描二维码观看相应视频，掌握制动装置的检查与维护方法，并结合工作过程，完成工作表单记录。

三、计划与实施

　　通过任务视频，结合教材，明确本次任务的主要作业内容，填写下表中的技术规范要点，并在具体任务实施后确认完成情况。活动时间为 60 min。

序号	作业内容	技术规范要点	完成情况
1	车辆基本防护和安全检查		
2	插入汽车尾气抽排管		
3	检查制动踏板应用状况	稍踩下踏板，高位指示灯_____（响应性良好）。踩踏板数次：踏板_____完全踩到底，越踩越_____；_____异常噪声；踩踏过程_____松旷	
4	检查制动助力器工作情况	踩住踏板，再起动发动机，踏板_____	

序号	作业内容	技术规范要点	完成情况
5	检查制动助力器真空性情况	起动发动机 30 s 后熄火，踩下制动踏板，踏板高度＿＿＿＿变化。数次踩下踏板，高度逐次＿＿＿＿，最后高度＿＿＿＿变化，＿＿＿＿下沉	
6	检查工作指示灯情况	拉起驻车制动器手柄一格，指示灯＿＿＿＿。依次拉到底，指示灯＿＿＿＿	
7	检查驻车制动器自由行程	一次拉起驻车制动器手柄到底（＿＿＿＿格）	
8	收起尾气抽排管		
9	5S 工作		

四、反馈评价

评价内容	赋分	序号	具体指标	分值	得　分		
					自评	组评	师评
仪容仪表	15	1	工作服、鞋、胸卡穿戴整洁	5			
		2	发型、指甲等符合工作要求	5			
		3	不佩戴首饰、钥匙、手表等	5			
工作安全	25	4	工作文明，不打闹	5			
		5	确认车辆停放位置正确	5			
		6	按动检查时用力适中	5			
		7	发现问题及时报告	5			
		8	无人员受伤及设备损坏事故	5			
工作过程	35	9	车辆基本防护和安全检查	5			
		10	插入汽车尾气抽排管	5			
		11	检查制动踏板应用状况	5			
		12	检查制动助力器工作情况	5			
		13	检查制动助力器真空性情况	5			
		14	检查工作指示灯情况	2			
		15	检查驻车制动器自由行程	3			
		16	收起尾气抽排管	5			

续表

评价内容	赋分	序号	具体指标	分值	得 分		
					自评	组评	师评
职业素养	25	17	坚持出勤，遵守规章制度	5			
		18	服从安排，积极参加组内活动	5			
		19	在规定时间内完成工作，认真填写工作表单	5			
		20	节约用水、用电、用气，注意环保	5			
		21	认真执行 5S 工作	5			
综合得分				100			

五、任务测评

1. 单项选择题

(1)检查驻车制动器指示灯点亮状况时，应向上拉动制动器操纵手柄，使棘轮处于(   )位置。

A. 1 格　　　　　　　B. 3 格　　　　　　　C. 5 格

(2)雪佛兰科鲁兹驻车制动器手柄行程标准值为(   )。

A. 3～5 格　　　　　　B. 6～9 格　　　　　　C. 10～13 格

(3)制动踏板应用状况检查应在(   )情况下进行。

A. 发动机起动　　　B. 发动机熄灭　　　C. 无所谓

(4)下列哪种情况说明制动助力器工作情况正常？(   )

A. 起动发动机，制动踏板自动下沉

B. 起动发动机，制动踏板无变化

C. 起动发动机，制动踏板上升

(5)下列哪种情况说明制动助力器真空功能有故障？(   )

A. 起动发动机后熄火，踩下制动踏板，高度无变化

B. 数次踩下制动踏板，高度逐次增加，最后高度无变化，无下沉

C. 起动发动机后熄火，踩下制动踏板，制动踏板高度下降

2. 判断题

(1)汽车制动装置是为了保证汽车的安全行驶，因此需定期检查维护。　　　　(   )

(2)制动踏板须完全踩下，制动灯才点亮。　　　　(   )

(3)当发动机熄火后，制动踏板可以完全踩到底，且越踩越有力。　　　　(   )

(4)先踩住踏板，再起动发动机，踏板下沉，说明制动助力器工作情况正常。(   )

(5)驻车制动器手柄拉到第 2 格时，驻车指示灯才会点亮。　　　　(   )

任务 5　风窗玻璃喷水器、刮水器的检查与维护

一、知识储备

同学们，为了完成本次工作任务，请在课前预习教材第 81～82 页的内容，熟悉相关应知应会的知识点，并完成下面 2 个学习任务。

学习任务 1：学习教材第 81～82 页的内容，独立完成下面的任务。

风窗玻璃喷水器、刮水器的作用是_____。

学习任务 2：请根据教材内容，完成下表。

作业项目	主要作业内容
风窗玻璃喷水器、刮水器的检查与维护	

二、工作任务发布

1. 工作任务：风窗玻璃喷水器、刮水器的检查与维护。

2. 任务要求：学习教材第 82～86 页的内容，扫描二维码观看相应视频，掌握风窗玻璃喷水器、刮水器的检查与维护方法，并结合工作过程，完成工作表单记录。

三、计划与实施

通过任务视频，结合教材，明确本次任务的主要作业内容，填写下表中的技术规范要点，并在具体任务实施后确认完成情况。活动时间为 60 min。

序号	作业内容	技术规范要点	完成情况
1	车辆基本防护和安全检查		
2	插入汽车尾气抽排管		
3	起动发动机，将喷水器开关向驾驶人方向拨动		
4	检查风窗玻璃喷水器喷洒压力是否足够	风窗玻璃喷水器喷洒应_____。如果刮水器开动时无喷洗液喷出，则应_____	
5	检查刮水器是否协同工作	喷水器喷水时，刮水片应_____	
6	检查喷洗液喷射位置是否正确	喷洗液喷射位置应集中在_____范围内	

续表

序号	作业内容	技术规范要点	完成情况
7	调节喷射方向	在喷嘴内插入一根与_____相匹配的钢丝。 调整喷洒的方向,对准喷嘴以使喷水器喷洒出的液体大约落在_____范围的中间	
8	检查刮水器各挡位工作情况	在发动机怠速运转情况下,操纵刮水器开关,分别打到 _____、_____、_____挡位,检查刮水片的工作情况	
9	检查刮水片自动停止位置	当刮水器开关关闭时,刮水片自动停止在_____	
10	检查刮水片刮拭状况	不会出现_____、_____。	
11	检查刮水片是否损坏	检查刮水片是否_____、_____等,如果是,则更换;检查刮水片是否黏附砂砾、昆虫等杂物,如果是,应清洁	
12	更换刮水片	按住刮水臂上的_____,向_____卸下旧的刮水片	
13	收起尾气抽排管		
14	5S 工作		

四、反馈评价

评价内容	赋分	序号	具体指标	分值	得 分		
					自评	组评	师评
仪容仪表	15	1	工作服、鞋、胸卡穿戴整洁	5			
		2	发型、指甲等符合工作要求	5			
		3	不佩戴首饰、钥匙、手表等	5			
工作安全	25	4	工作文明,不打闹	5			
		5	确认车辆停放位置正确	5			
		6	按动检查时用力适中	5			
		7	发现问题及时报告	5			
		8	无人员受伤及设备损坏事故	5			

续表

评价内容	赋分	序号	具体指标	分值	得 分		
					自评	组评	师评
工作过程	35	9	车辆基本防护和安全检查	2			
		10	插入汽车尾气抽排管	3			
		11	起动发动机,将喷水器开关向驾驶人方向拨动	3			
		12	检查风窗玻璃喷水器喷洒压力是否足够	3			
		13	检查刮水器是否协同工作	3			
		14	检查喷洗液喷射位置是否正确	3			
		15	调节喷射方向	3			
		16	检查刮水器各挡位工作情况	3			
		17	检查刮水片自动停止位置	3			
		18	检查刮水片刮拭状况	3			
		19	检查刮水片是否损坏	3			
		20	更换刮水片	3			
职业素养	25	21	坚持出勤,遵守规章制度	5			
		22	服从安排,积极参加组内活动	5			
		23	在规定时间内完成工作,认真填写工作表单	5			
		24	节约用水、用电、用气,注意环保	5			
		25	认真执行5S工作	5			
综合得分				100			

五、任务测评

1. 单项选择题

(1)以下不应在发动机运转状态下检查的项目是(　　)。

A. 前照灯　　　　　　B. 风窗玻璃喷水器　　　　　　C. 手动变速器

(2)关于拆卸刮水片时应注意的事项,下列说法正确的有(　　)。

①拆卸刮水片时,为了避免损坏前风窗玻璃,可在刮水臂的顶端包上一块布并将其轻放在前风窗玻璃上。

②拆下刮水片后,若运行刮水器或刮水臂可能会损坏前风窗玻璃或发动机舱盖。

A. 只有①正确　　　　　　　　　　　　B. 只有②正确

C. ①②都正确　　　　　　　　　　　　D. ①②都不正确

2. 判断题(对的打√，错的打×)

(1)刮水器和喷水器可以刮除附着于车辆风窗玻璃上的雨点及灰尘，以改善驾驶人的驾驶能见度，确保行车安全。　　　　　　　　　　　　　　　　　　　　(　　)

(2)如果刮水器开动时无喷洗液喷出也没关系，多试几次。　　　　　　(　　)

(3)喷水器喷嘴喷洒范围应落在整个风窗玻璃上。　　　　　　　　　　(　　)

(4)检查刮水器各挡位的工作情况时，各挡停留时间要适当，不宜过短。(　　)

(5)当刮水器开关关闭时，刮水器应立刻停止。　　　　　　　　　　　(　　)

任务 6　照明、信号指示装置及仪表的检查与维护

一、知识储备

同学们，为了完成本次工作任务，请在课前预习教材第 87 页的内容，熟悉相关应知应会的知识点，并完成下面 2 个学习任务。

学习任务 1：学习教材第 87 页的内容，独立完成下面的任务。

汽车上照明装置和信号指示装置的重要性：_____。

学习任务 2：请根据教材内容，完成下表。

作业项目	作业内容	维护周期
照明、信号指示装置及仪表的检查与维护	检查_____	出车前
	检查_____	
	检查_____	出车前、行车中

二、工作任务发布

1. 工作任务：照明、信号指示装置及仪表的检查与维护。

2. 任务要求：学习教材第 88～92 页的内容，扫描二维码观看相应视频，掌握照明、信号指示装置及仪表的检查与维护方法，并结合工作过程，完成工作表单记录。

三、计划与实施

通过任务视频，结合教材，明确本次任务的主要作业内容，填写下表中的技术规范要点，并在具体任务实施后确认完成情况。活动时间为 60 min。

序号	作业内容	技术规范要点	完成情况
1	车辆基本防护和安全检查		
2	观察组合仪表警告灯	将点火开关转到 ON，_____亮	
3	起动发动机		
4	检查机油压力指示灯	点亮或熄灭	
5	检查发动机自检灯	点亮或熄灭	
6	检查蓄电池指示灯	点亮或熄灭	
7	检查安全带指示灯	安全带插入卡槽内，指示灯_____	
8	检查 ABS 指示灯	点亮或熄灭	
9	控制开关旋动一挡	_____点亮	
10	检查近光灯	将灯光控制开关旋转_____	
11	检查远光灯	将变光器开关_____推开	
12	检查大灯闪光	将变光器开关向_____拉	
13	检查左右转向灯	将变光器开关_____移动	
14	检查转向开关自动回正	回正方向盘，检查转向开关_____	
15	检查危险警告灯	按下危险警告灯开关，_____亮	
16	检查制动灯	踩住_____，制动灯亮	
17	检查倒车灯	挂_____档，倒车灯亮	
18	5S 工作		

四、反馈评价

评价内容	赋分	序号	具体指标	分值	得分		
					自评	组评	师评
仪容仪表	15	1	工作服、鞋、胸卡穿戴整洁	5			
		2	发型、指甲等符合工作要求	5			
		3	不佩戴首饰、钥匙、手表等	5			
工作安全	25	4	工作文明，不打闹	5			
		5	确认车辆停放位置正确	5			
		6	按动检查时用力适中	5			
		7	发现问题及时报告	5			
		8	无人员受伤及设备损坏事故	5			

续表

评价内容	赋分	序号	具体指标	分值	得分		
					自评	组评	师评
工作过程	35	9	车辆基本防护和安全检查	2			
		10	观察组合仪表警告灯	2			
		11	起动发动机，检查机油压力指示灯、发动机自检灯、蓄电池指示灯、ABS 指示灯等是否熄灭	5			
		12	检查安全带指示灯	2			
		13	控制开关旋动一挡，检查示廓灯、牌照灯、尾灯	2			
		14	检查近光灯	3			
		15	检查远光灯	3			
		16	检查大灯闪光	3			
		17	检查左右转向灯	3			
		18	检查转向开关自动回正	2			
		19	检查危险警告灯	3			
		20	检查制动灯、倒车灯	5			
职业素养	25	21	坚持出勤，遵守规章制度	5			
		22	服从安排，积极参加组内活动	5			
		23	在规定时间内完成工作，认真填写工作表单	5			
		24	节约用水、用电、用气，注意环保	5			
		25	认真执行 5S 工作	5			
综合得分				100			

五、任务测评

1. 单项选择题

(1)当车辆挡位处于 R 时，( )亮起。

A. 倒车灯   B. 行车灯

C. 制动灯   D. 前照灯(近光)

(2)车辆在夜间行驶时，( )。

A. 远光灯可以长时间开启   B. 制动灯必须开启

C. 必须开启危险警告灯   D. 以上都不正确

(3) 夜间行驶会车时，应开启(　　)。

A. 近光灯　　　　　B. 远光灯　　　　　C. 危险警告灯　　　D. 闪光灯

(4) 车辆行驶过程中，ABS 指示灯点亮，驾驶员应该(　　)。

A. 立刻停车，等待救援

B. 正常开

C. 低速行驶，找 4S 店进行维修

(5) 车辆行驶中，蓄电池指示灯点亮，说明(　　)。

A. 蓄电池故障　　　B. 发电机故障　　　C. 发动机故障

2. 判断题(对的打√，错的打×)

(1) 车辆行驶时，驾驶人没有系好安全带，指示灯会闪烁。　　　　　　　　(　　)

(2) 在运转状态下，发动机自检灯点亮，说明发动机有故障。　　　　　　　(　　)

(3) 车辆行驶过程中，机油压力指示灯点亮，车辆可以低速行驶。　　　　　(　　)

(4) 夜间开车，需要打开尾灯来照明。　　　　　　　　　　　　　　　　　(　　)

(5) 打开危险警告灯就是所有的转向灯一起点亮。　　　　　　　　　　　　(　　)

任务 7　空调系统的功能检查

一、知识储备

同学们，为了完成本次工作任务，请在课前预习教材第 93～94 页的内容，熟悉相关应知应会的知识点，并完成下面的学习任务。

学习任务：学习教材第 93～94 页的内容，独立完成下面的任务。

1. 汽车空调系统功能检查的作用：_____。

2. 汽车空调系统日常维护的注意事项有：_____

_____。

二、工作任务发布

1. 工作任务：空调系统的功能检查。

2. 任务要求：学习教材第 94～97 页的内容，扫描二维码观看相应视频，掌握空调系统的功能检查方法，并结合工作过程，完成工作表单记录。

三、计划与实施

通过任务视频，结合教材，明确本次任务的主要作业内容，填写下表中的技术规范要点，并在具体任务实施后确认完成情况。活动时间为 50 min。

序号	作业内容	技术规范要点	完成情况
1	车辆基本防护和安全检查		
2	插入汽车尾气抽排管		
3	起动发动机		
4	检查空调暖风系统	将温度调节旋钮转到_____区域。打开_____开关，检查出风口是否出_____风	
5	检查空调制冷系统	将风量开关打开，将_____开关打开，将温度旋钮转到_____区域，检查出风口是否出_____风	
6	检查鼓风机风量	打开鼓风机开关，依次调到 1，2，3，4 挡，检查风量_____	
7	检查风向开关	将风向开关依次拨到各个挡位，检查_____	
8	熄灭发动机		
9	收起尾气抽排管		
10	5S 工作		

四、反馈评价

评价内容	赋分	序号	具体指标	分值	得分		
					自评	组评	师评
仪容仪表	15	1	工作服、鞋、胸卡穿戴整洁	5			
		2	发型、指甲等符合工作要求	5			
		3	不佩戴首饰、钥匙、手表等	5			
工作安全	25	4	工作文明，不打闹	5			
		5	确认车辆停放位置正确	5			
		6	按动检查时用力适中	5			
		7	发现问题及时报告	5			
		8	无人员受伤及设备损坏事故	5			

续表

评价内容	赋分	序号	具体指标	分值	得分		
					自评	组评	师评
工作过程	35	9	车辆基本防护和安全检查	5			
		10	插入汽车尾气抽排管	5			
		11	起动发动机	5			
		12	检查空调暖风系统	5			
		13	检查空调制冷系统	5			
		14	检查鼓风机风量	5			
		15	检查风向开关	5			
职业素养	25	16	坚持出勤，遵守规章制度	5			
		17	服从安排，积极参加组内活动	5			
		18	在规定时间内完成工作，认真填写工作表单	5			
		19	节约用水、用电、用气，注意环保	5			
		20	认真执行 5S 工作	5			
综合得分				100			

五、任务测评

1. 单项选择题

(1)下列做法正确的是( )。

A. 空调产生霉味，才需检查空调，更换空调滤清器

B. 停车后，应立刻关闭空调

C. 空调开大风量时会有噪声，因此不要开大风量

D. 换季时，应全面检查空调系统

(2)检查空调制冷功能时，下列操作中有误的是( )。

A. 需打开鼓风机风量开关

B. 需将温度旋钮旋转到红色区域

C. 需将 A/C 开关打开

D. 需将温度旋钮旋转到蓝色区域

2. 判断题(对的打√，错的打×)

(1)检查空调取暖功能，只需将温度旋钮旋转到红色区域，打开鼓风机则可。( )

(2)检查空调制冷功能，只需将温度旋钮旋转到蓝色区域，打开鼓风机则可。( )

(3)检查风量开关时，依次将开关旋转到 1，2，3，4 挡，风量应依次减小。( )

项目 3
汽车一级维护

任务 1　空气滤清器和燃油滤清器的检查与维护

一、知识储备

同学们，为了完成本次工作任务，请在课前预习教材第 100～101 页的内容，熟悉相关应知应会的知识点，并完成下面 2 个学习任务。

学习任务 1： 学习教材第 100～101 页的内容，独立完成下面的任务。

空气滤清器和燃油滤清器检查与维护的重要性有：

1. _____；

2. _____；

3. _____。

学习任务 2： 请根据教材内容，完成下表。

作业项目	主要作业内容	技术要求
空气滤清器、燃油滤清器	清洁或更换	滤清器应清洁，衬垫_____，滤芯_____，滤清器_____，密封良好

请记录你在学习过程中遇到的问题：

_____

_____

_____

二、工作任务发布

1. **工作任务**：空气滤清器和燃油滤清器的检查与维护。

2. **任务要求**：学习教材第 101～105 页的内容，扫描二维码观看相应视频，掌握空气滤清器和燃油滤清器的检查与维护方法，并结合工作过程，完成工作表单记录。

三、计划与实施

活动 1：通过任务视频，结合教材，明确本次任务的主要作业内容和技术规范要点。

序号	主要作业内容	技术规范要点
1	检查进气管	
2	检查空气滤清器（更换）	
3	检查燃油管	
4	检查燃油滤清器	
5	检查燃油箱	
6	检查燃油箱盖	

活动 2：结合实际车辆的维修手册或用户手册，完成下表中技术规范的填写。

车型：		VIN 码：		行驶里程：	
作业内容	技术规范		检测数据		结果判定
空气滤清器					
燃油滤清器					

活动 3：根据任务表单，进行具体任务实施，将检测结果填入上表，并在下表中对完成情况进行确认。

序号	作业内容	完成情况
1	打开发动机舱盖	
2	安装三件套	
3	检查进气管是否损坏	
4	打开空气滤清器盒	
5	检查空气滤清器（更换）	
6	检查燃油管是否损坏	
7	检查燃油滤清器是否损坏	
8	检查燃油箱是否损坏	
9	检查燃油箱盖是否变形和损坏	
10	检查扭矩限制器工作情况	
11	5S 工作	

四、反馈评价

评价内容	赋分	序号	具体指标	分值	得分		
					自评	组评	师评
仪容仪表	15	1	工作服、鞋、胸卡穿戴整洁	5			
		2	发型、指甲等符合工作要求	5			
		3	不佩戴首饰、钥匙、手表等	5			
工作安全	20	4	安装车轮挡块或用举升机顶起车辆部分重量	5			
		5	无人员受伤及设备损坏事故	5			
		6	安装三件套	5			
		7	将挡位置于 P 挡，拉起驻车制动器手柄	5			
工作过程	40	8	正确使用举升机	10			
		9	正确检查燃油管和燃油滤清器	10			
		10	正确检查空气滤清器	10			
		11	规范检查燃油箱	5			
		12	规范检查燃油箱盖	5			
职业素养	25	13	动作规范，安全环保	5			
		14	学员之间配合默契	5			
		15	在规定时间内完成工作	5			
		16	认真填写工作表单	5			
		17	认真执行 5S 工作	5			
综合得分				100			

五、任务测评

1. 单项选择题

(1)驾驶员应定期更换"三滤"和机油，"三滤"是指(　　)。

A. 机油滤清器、燃油滤清器、空气滤清器

B. 机油滤清器、冷却水滤清器、空气滤清器

C. 机油滤清器、制动液滤清器、空气滤清器

(2)燃油滤清器更换周期为(　　)。

A. 5 000 km　　　　　　B. 10 000 km　　　　　　C. 20 000 km

(3)空气滤清器不需要更换时可以清洁后再使用，清洁方法有(　　)。

A. 水洗　　　　　　　B. 压缩空气吹净　　　C. 拍打除尘

(4)下列说法错误的是(　　)。

A. 燃油滤清器安装在进油管路中　　　　B. 燃油滤清器安装在回油管路中

C. 燃油滤清器安装在油箱中

(5)空气滤清器安装在(　　)。

A. 进气管的前方　　　B. 进气管的后方　　　C. 进气歧管上

2. 判断题(对的打√，错的打×)

(1)燃油滤清器安装时没有方向的要求。　　　　　　　　　　　　　(　　)

(2)纸质燃油滤清器滤芯滤清效果好，制造成本低，仅做一次性使用。　(　　)

(3)空气滤清器需要根据使用情况来判断清洁的时间和更换的频率。　　(　　)

(4)空气滤清器可以调节进入驾驶舱的空气温度。　　　　　　　　　(　　)

(5)燃油滤清器脏污不会造成发动机工作不良。　　　　　　　　　　(　　)

任务 2　机油及机油滤清器的更换

一、情境导入

李先生购买雪佛兰科鲁兹轿车已有近半年的时间，近日接到 4S 店售后服务专员的电话去做首次保养。李先生由于第一次购车无经验，就问车间维修技师："车子多长时间需要保养？""基本的保养需要做哪些内容呢？"如果你是维修技师应如何回答？

二、知识储备

同学们，为了完成本次工作任务，请在课前预习教材第 106～107 页的内容，熟悉相关应知应会的知识点，并完成下面 2 个学习任务。

学习任务 1：学习教材第 106～107 页的内容，独立完成下面的任务。

长时间不更换机油的危害有：

1._____；

2._____；

3._____。

学习任务 2：请根据教材内容，完成下表。

作业项目	主要作业内容	技术要求
机油滤清器	清洁或更换	按规定的_____或_____清洁或更换。滤清器应清洁，衬垫_____，滤芯_____，滤清器_____，密封良好

请记录你在学习过程中遇到的问题：

_____

_____

_____

三、工作任务发布

1. 工作任务：机油及机油滤清器的更换。

2. 任务要求：学习教材第 108～112 页的内容，扫描二维码观看相应视频，掌握机油及机油滤清器的更换步骤和方法，并结合工作过程，完成工作表单记录。

四、计划与实施

活动 1：通过任务视频，结合教材，明确本次任务的主要作业内容和技术规范要点。

序号	主要作业内容	技术规范要点
1	检查发动机各配合表面	
2	检查机油液位	
3	检查排放塞密封圈	

活动 2：结合实际车辆的维修手册或用户手册，完成下表中技术规范的填写。

车型：		VIN 码：		行驶里程：
作业内容	技术规范	检测数据		结果判定
机油量				
排放塞扭矩				
排放塞密封圈				

活动 3：根据任务表单，进行具体任务实施，将检测结果填入上表，并在下表中对完成情况进行确认。

序号	作业内容	完成情况
1	将车辆停放在举升机位	
2	放置车轮挡块	
3	安装三件套	
4	拉起驻车制动器手柄	
5	安装翼子板布和前格栅布	

续表

序号	作业内容	完成情况
6	旋松机油加注口盖	
7	安装举升机支撑垫块	
8	举升车辆至工作位置	
9	准备工具	
10	检查发动机各配合表面是否漏油	
11	拆卸机油排放塞	
12	排放发动机机油	
13	安装机油排放塞	
14	将车辆完全降下	
15	拆卸旧的机油滤清器	
16	安装新的机油滤清器（手拧）	
17	安装新的机油滤清器（专用工具）	
18	加注机油	
19	检查机油液位	
20	发动机暖机	
21	重新升至最高位，并锁止举升机	
22	复检	
23	降下车辆	
24	5S 工作	

五、反馈评价

评价内容	赋分	序号	具体指标	分值	得分		
					自评	组评	师评
仪容仪表	15	1	工作服、鞋、帽穿戴整洁	5			
		2	发型、指甲等符合工作要求	5			
		3	不佩戴首饰、钥匙、手表等	5			
工作安全	25	4	举升机操作正确	5			
		5	无受伤事故发生	5			
		6	车辆防护规范	5			
		7	注意环境保护	5			
		8	起动发动机正确	5			

续表

评价内容	赋分	序号	具体指标	分值	得分		
					自评	组评	师评
工作过程	35	9	工具使用正确、规范	5			
		10	机油排放前检查内容全面	5			
		11	排放塞拆卸正确	5			
		12	排放塞垫片更换正确	5			
		13	机油滤清器更换正确	5			
		14	正确添加新机油	5			
		15	机油液位检查正确	5			
职业素养	25	16	动作规范，安全环保	5			
		17	学员之间配合默契	5			
		18	在规定时间内完成工作	5			
		19	认真填写工作表单	5			
		20	认真执行 5S 工作	5			
综合得分				100			

六、任务测评

1. 单项选择题

(1)某油桶上印有 SL 和 5W-40 的标志，以下解释正确的是(　　)。

A. 多黏度发动机机油，可在要求使用 SH 级别机油的车辆上四季通用

B. 优质发动机机油，可以在某个地区的各类车辆上使用

C. 高级别双曲线齿轮油，有承受强冲击负荷和高速滑动的能力

(2)标号为 10W-30 的机油，其中 10W 表示(　　)。

A. 质量等级　　　　B. 温度等级　　　　C. 低温黏度等级

(3)以下哪种机油的质量等级是最高的？(　　)。

A. SJ　　　　　　B. SL　　　　　　C. SM　　　　　　D. SN

(4)实践证明机油的黏度越高，其抗点蚀和胶合的能力就越强。同时，随着黏度增高，其流动性和散热性(　　)。

A. 越好　　　　　　B. 越差　　　　　　C. 不变

(5)机油中的水分(　　)。

A. 既会加速油品氧化，又会加剧设备和油系统的腐蚀

B. 虽不能加速油品氧化，却会加剧设备和油系统的腐蚀

C. 能加速油品氧化，但不会加剧设备和油系统的腐蚀

2. 判断题(对的打√，错的打×)

(1)更换机油时，机油滤清器要同时更换。　　　　　　　　　　　　(　)

(2)长时间不更换机油会使油耗增加。　　　　　　　　　　　　　　(　)

(3)车辆停放了一年，因为没有行驶所以不需要更换机油。　　　　　(　)

(4)5W-30 表示冬季用油。　　　　　　　　　　　　　　　　　　　(　)

(5)为了过滤效率高，滤清器的滤芯空越小越好。　　　　　　　　　(　)

任务 3　冷却系统的检查与维护

一、情境导入

　　小张有一辆雪佛兰科鲁兹，这辆车已经行驶了 150 000 km，一直没有出现什么大问题。今天他开车去上班，突然看到水温过高报警。小张立刻靠边停车，打电话向 4S 店求助。你知道水温过高的原因有哪些吗？应该如何排除故障呢？

二、知识储备

　　同学们，为了完成本次工作任务，请在课前预习教材第 113～114 页的内容，熟悉相关应知应会的知识点，并完成下面 2 个学习任务。

　　学习任务 1：学习教材第 113～114 页的内容，独立完成下面的任务。

　　冷却系统温度过高的危害有：

　　1._____；

　　2._____；

　　3._____。

　　学习任务 2：请根据教材内容，完成下表。

作业项目	主要作业内容	技术要求
冷却装置	检查散热器、水箱及管路_____	检查散热器、水箱及管路_____、_____、_____、破损及渗漏。箱盖接合表面良好，胶垫不老化
	检查水泵和节温器工作状况	水泵_____、_____，节温器工作正常

　　请记录你在学习过程中遇到的问题：

_____

_____

_____

三、工作任务发布

1. 工作任务：冷却系统的检查与维护。

2. 任务要求：学习教材第 114～119 页的内容，扫描二维码观看相应视频，掌握冷却系统的检查与维护方法，并结合工作过程，完成工作表单记录。

四、计划与实施

活动 1：通过任务视频，结合教材，明确本次任务的主要作业内容和技术规范要点。

序号	主要作业内容	技术规范要点
1	检查橡胶软管	
2	检查散热器	
3	检查散热器盖	
4	检查卡箍安装状况	
5	测试水箱压力	
6	测试水箱盖压力	

活动 2：结合实际车辆的维修手册或用户手册，完成下表中技术规范的填写。

车型：		VIN 码：		行驶里程：	
作业内容	技术规范	检测数据		结果判定	
测试水箱压力					
测试水箱盖压力					

活动 3：根据任务表单，进行具体任务实施，将检测结果填入上表，并在下表中对完成情况进行确认。

序号	作业内容	完成情况
1	将车辆停放在举升机位	
2	前期准备工作	
3	插入汽车尾气抽排管	
4	起动发动机	
5	检查橡胶软管	
6	检查散热器	
7	检查散热器盖	
8	检查卡箍安装状况	

序号	作业内容	完成情况
9	关闭发动机	
10	旋下散热器盖	
11	检查冷却液冰点	
12	旋紧散热器盖	
13	车辆恢复	
14	5S 工作	

五、反馈评价

评价内容	赋分	序号	具体指标	分值	得　分		
					自评	组评	师评
仪容仪表	15	1	工作服、鞋、胸卡穿戴整洁	5			
		2	发型、指甲等符合工作要求	5			
		3	不佩戴首饰、钥匙、手表等	5			
工作安全	25	4	起动发动机前需检查"一油三液"	5			
		5	正确安装及收起尾气抽排管	5			
		6	拉起驻车制动器手柄	5			
		7	操作过程沉着冷静	5			
		8	无人员受伤及设备损坏事故	5			
工作过程	35	9	检查橡胶软管	10			
		10	检查散热器	5			
		11	检查散热器盖	5			
		12	检查卡箍安装状况	10			
		13	检查冷却液冰点	5			
职业素养	25	14	坚持出勤，遵守规章制度	5			
		15	服从安排，积极参加组内活动	5			
		16	在规定时间内完成工作，认真填写工作表单	5			
		17	节约用水、用电、用气，注意环保	5			
		18	认真执行 5S 工作	5			
综合得分				100			

六、任务测评

1. 单项选择题

(1)采用水冷系时，应使气缸盖内的冷却水温在( )。

A. 70℃～80℃　　　　B. 80℃～90℃　　　　　　C. 90℃～100℃

(2)节温器中使阀门开闭的部件是( )。

A. 阀座　　　　　　　B. 石蜡感应体　　　　　　C. 弹簧

(3)发动机冷却系统中锈蚀物和水垢积存的后果是( )。

A. 发动机升温慢　　　B. 热容量减少　　　　　　C. 发动机过热

(4)以下哪个不是冷却液添加剂的作用( )。

A. 防腐、防垢　　　　B. 减小冷却系统压力　　　C. 提高冷却介质沸点

(5)为在容积相同的情况下获得较大的散热面积，提高抗裂性能，散热器冷却管应选用( )。

A. 圆管　　　　　　　B. 扁圆管　　　　　　　　C. 矩形管

2. 判断题(对的打√，错的打×)

(1)发动机冷却包括风冷和水冷。 　　　　　　　　　　　( )

(2)节温器控制大小循环的开启。 　　　　　　　　　　　( )

(3)车辆停止的情况下，随时可以打开水箱盖。 　　　　　( )

(4)冷却液不需要更换。 　　　　　　　　　　　　　　　( )

(5)冷却液缺少的情况下可适当地加入纯净水。 　　　　　( )

任务4　底盘系统的检查与维护

一、情境导入

小王打算在暑假时带着一家人自驾游，由于路程比较远，为了防止车辆在路上出现问题，因此小王把车开到4S店做检查。你是4S店的维修技师，你将如何对车辆的底盘系统进行检查呢？

二、知识储备

同学们，为了完成本次工作任务，请在课前预习教材第120～121页的内容，熟悉相关应知应会的知识点，并完成下面2个学习任务。

学习任务 1： 学习教材第 120～121 页的内容，独立完成下面的任务。

底盘系统的检查与维护包括：

1. _____；

2. _____；

3. _____；

4. _____。

学习任务 2： 请根据教材内容，完成下表。

作业项目	主要作业内容	技术要求
转向系统	检查部件状况	转向节臂、转向摇臂及横拉杆无变形、_____、_____和拼接现象，球销无裂纹、_____，转向器_____、_____现象
	检查转向器和转向机构	转向_____、_____，转向无卡滞现象，_____、_____功能正常
传动系统（传动轴）	检查防尘罩	防尘罩_____、_____，卡箍连接可靠，支架_____
	检查传动轴及万向节	传动轴_____，运转_____，传动轴及万向节_____、_____
	检查传动轴承与支架	轴承_____，支架_____和_____

请记录你在学习过程中遇到的问题：

_____

_____

_____

三、工作任务发布

1. 工作任务：底盘系统的检查与维护。

2. 任务要求：学习教材第 121～124 页的内容，扫描二维码观看相应视频，掌握底盘系统的检查与维护方法，并结合工作过程，完成工作表单记录。

四、计划与实施

活动 1：通过任务视频，结合教材，明确本次任务的主要作业内容和技术规范要点。

序号	主要作业内容	技术规范要点
1	检查制动软管	

续表

序号	主要作业内容	技术规范要点
2	检查制动管路管接头处	
3	检查放气螺钉护罩	
4	紧固车身螺栓	
5	检查转向连接机构	
6	检查传动机构	
7	检查转向器和转向机构	

活动 2：结合实际车辆的维修手册或用户手册，完成下表中技术规范的填写。

车型：		VIN 码：		行驶里程：	
作业内容	技术规范		检测数据		结果判定
前横梁与车身螺栓					
后横梁与减振器螺栓					

活动 3：根据任务表单，进行具体任务实施，将检测结果填入上表，并在下表中对完成情况进行确认。

序号	作业内容	完成情况
1	准备工作	
2	将车辆举升至合适高度	
3	检查制动软管	
4	检查制动管路管接头处	
5	检查放气螺钉护罩	
6	紧固车身螺栓	
7	检查转向连接机构	
8	检查传动机构	
9	降下车辆	
10	检查转向器和转向机构	
11	5S 工作	

五、反馈评价

评价内容	赋分	序号	具体指标	分值	得分		
					自评	组评	师评
仪容仪表	15	1	工作服、鞋、胸卡穿戴整洁	5			
		2	发型、指甲等符合工作要求	5			
		3	不佩戴首饰、钥匙、手表等	5			
工作安全	25	4	举升过程中的呼应情况	5			
		5	举升后安全锁止情况	5			
		6	在检查过程中戴手套	5			
		7	操作过程沉着冷静	5			
		8	无人员受伤及设备损坏事故	5			
工作过程	35	9	正确进行制动管路的检查	10			
		10	正确检查放气螺钉护罩	5			
		11	正确紧固车身螺栓	5			
		12	正确检查转向连接机构	5			
		13	正确检查传动机构	5			
		14	正确检查转向器和转向机构	5			
职业素养	25	15	坚持出勤，遵守规章制度	5			
		16	服从安排，积极参加组内活动	5			
		17	在规定时间内完成工作，认真填写工作表单	5			
		18	节约用水、用电、用气，注意环保	5			
		19	认真执行5S工作	5			
综合得分				100			

六、任务测评

　　1. 单项选择题

　　(1) 转向轴一般由一根(　　)制造。

　　A. 无缝钢管　　　　　B. 实心轴　　　　　C. 低碳合金钢

　　(2) 转向轮绕着(　　)摆动。

　　A. 转向节　　　　　B. 主销　　　　　C. 前梁

　　(3) 下列部件中属于转向传动机构的是(　　)。

　　A. 转向盘　　　　　B. 转向器　　　　　C. 转向轴

(4)汽车前轮制动盘通常采用( )。

A. 通风盘式　　　　　B. 实心盘式　　　　　C. 鼓式

2. 判断题(对的打√，错的打×)

(1)用来改变或保持汽车行驶或倒退方向的一系列装置被称为汽车转向系统。( )

(2)制动时有制动力就不需要检查制动系统。 ( )

(3)制动液液面下降说明系统有泄漏。 ( )

(4)检查汽车底盘上的螺栓时，目视检查即可。 ( )

(5)转向横拉杆球头松动会使转向时产生异响。 ( )

任务 5　蓄电池的检查与维护

一、知识储备

同学们，为了完成本次工作任务，请在课前预习教材第 125～126 页的内容，熟悉相关应知应会的知识点，并完成下面 2 个学习任务。

学习任务 1：学习教材第 125～126 页的内容，独立完成下面的任务。

1. 蓄电池是汽车_____中重要的配件。

2. 蓄电池应该在车上安装牢靠，_____。

3. 车辆长时间不使用时，应_____。

学习任务 2：请根据教材内容，完成下表。

作业项目	主要作业内容	技术要求	维护周期
蓄电池的检查与维护	蓄电池电解液面	符合规定	
	通气孔		
	蓄电池正负极柱		
	蓄电池电量状态		

二、工作任务发布

1. 工作任务：蓄电池的检查与维护。

2. 任务要求：学习教材第 126～131 页的内容，扫描二维码观看相应视频，掌握蓄电池的检查与维护方法，并结合工作过程，完成工作表单记录。

三、计划与实施

活动 1：通过任务视频，结合教材，明确本次任务的主要作业内容，将技术规范要点填入下表。

序号	主要作业内容	技术规范要点
1	检查蓄电池端子导线是否松动	
2	检查蓄电池桩头是否腐蚀	
3	检查蓄电池盒	
4	检测蓄电池端电压	
5	测量蓄电池的开路电压	
6	测量蓄电池的充电电压	
7	蓄电池的更换	
8	解开蓄电池保险丝盒上的凸舌	
9	松开蓄电池正极电缆螺母	
10	拆下蓄电池压板固定螺母	
11	拆下防护装置蓄电池托架	
12	蓄电池的补充充电	

活动2：结合实际车辆的维修手册或用户手册，完成下表中技术规范的填写。

车型：		VIN码：		行驶里程：	
作业内容	技术规范		检测数据		结果判定
蓄电池极柱紧固扭矩					
蓄电池的开路电压					
蓄电池的充电电压					
蓄电池压板紧固扭矩					

活动3：根据任务表单，进行具体任务实施，将检测结果填入上表，并在下表中对完成情况进行确认。

序号	作业内容	完成情况
1	将车辆停放在举升机位	
2	作业前准备	
3	检查蓄电池端子导线是否松动	
4	检查蓄电池桩头是否腐蚀	
5	检查蓄电池盒	
6	检测蓄电池端电压	

续表

序号	作业内容	完成情况
7	用万用表测量蓄电池的开路电压	
8	用万用表测量蓄电池的充电电压	
9	蓄电池的更换	
10	解开蓄电池保险丝盒上的凸舌	
11	松开蓄电池正极电缆螺母	
12	拆下蓄电池压板固定螺母	
13	拆下防护装置蓄电池托架	
14	拆下蓄电池	
15	更换新蓄电池	
16	蓄电池的补充充电	
17	5S 工作	

四、反馈评价

评价内容	赋分	序号	具体指标	分值	得　分		
					自评	组评	师评
仪容仪表	15	1	工作服、鞋、胸卡穿戴整洁	5			
		2	发型、指甲等符合工作要求	5			
		3	不佩戴首饰、钥匙、手表等	5			
工作安全	25	4	工作文明，不打闹	5			
		5	确认车辆停放位置正确	5			
		6	按动检查时用力适中	5			
		7	发现问题及时报告	5			
		8	无人员受伤及设备损坏事故	5			
工作过程	35	9	车辆基本防护和安全检查	2			
		10	检查蓄电池端子导线是否松动	2			
		11	检查蓄电池桩头是否腐蚀	2			
		12	检查蓄电池盒	3			
		13	检测蓄电池端电压	3			
		14	用万用表测量蓄电池的开路电压	2			
		15	用万用表测量蓄电池的充电电压	2			
		16	蓄电池的更换	3			

续表

评价内容	赋分	序号	具体指标	分值	得分		
					自评	组评	师评
工作过程	35	17	解开蓄电池保险丝盒上的凸舌	2			
		18	松开蓄电池正极电缆螺母	2			
		19	拆下蓄电池压板固定螺母	2			
		20	拆下防护装置蓄电池托架	2			
		21	拆下蓄电池	3			
		22	更换新蓄电池	2			
		23	蓄电池的补充充电	3			
职业素养	25	24	坚持出勤，遵守规章制度	5			
		25	服从安排，积极参加组内活动	5			
		26	在规定时间内完成工作，认真填写工作表单	5			
		27	节约用水、用电、用气，注意环保	5			
		28	认真执行 5S 工作	5			
综合得分				100			

五、任务测评

1. 单项选择题

(1)蓄电池是将(　　)的装备。

A. 化学能转化为电能　　　　　　　　B. 机械能转化为电能

C. 热能转化为化学能　　　　　　　　D. 化学能转化为机械能

(2)蓄电池的负极电缆外表的颜色通常为(　　)。

A. 红色　　　　　B. 黑色　　　　　C. 白色　　　　　D. 绿色

(3)从汽车上拆下蓄电池时，首先拆下(　　)电缆，将蓄电池安装在汽车上时，应首先安装(　　)电缆。

A. 负极　正极　　B. 正极　负极　　C. 正极　正极　　D. 负极　负极

(4)蓄电池观察窗显示颜色为(　　)时说明蓄电池电量充足。

A. 绿色　　　　　B. 黑色　　　　　C. 白色　　　　　D. 红色

2. 判断题(对的打√，错的打×)

(1)电源供给系统采用负极搭铁的方式，是因为在搭铁处不易造成虚接。　　　(　　)

(2)为保持蓄电池的良好工作状态和寿命，应定期检查蓄电池端电压。　　　(　　)

(3)免维护蓄电池在使用过程中不需要添加蒸馏水。　　　(　　)

(4)为了防止冬天结冰，蓄电池电解液的密度越高越好。　　　(　　)

(5)不要在正在充电的蓄电池附近进行焊接等加工作业。 （ ）

(6)如果将蓄电池的极性接反，后果是有可能将发电机的磁场绕组烧毁。 （ ）

(7)正常的蓄电池电解液液位应在最高点和最低点之间。 （ ）

(8)蓄电池应该安装牢靠，以防在行驶中因振动而使蓄电池连线脱落，导致供电中断。

（ ）

项目 **4**
汽车二级维护

任务 1　车载诊断系统的规范检查

一、知识储备

同学们，为了完成本次工作任务，请在课前预习教材第 133～134 页的内容，熟悉相关应知应会的知识点，并完成下面 2 个学习任务。

学习任务 1：学习教材第 133～134 页的内容，独立完成下面的任务。

1. 车载诊断系统的重要性：_____。

2. 根据故障码的提示，维修人员_____。

3. 进厂检测包括_____。

学习任务 2：请根据教材内容，完成下表。

作业项目	主要作业内容	技术要求	维护周期
车载诊断系统的规范检查			

二、工作任务发布

1. 工作任务：车载诊断系统的规范检查。

2. 任务要求：学习教材第 134～139 页的内容，扫描二维码观看相应视频，掌握车载诊断系统规范检查的方法，并结合工作过程，完成工作表单记录。

三、计划与实施

活动 1：通过任务视频，结合教材，明确本次任务的主要作业内容，将技术规范要点填入下表。

序号	主要作业内容	技术规范要点
1	连接 KT600 与车辆的 OBD-Ⅱ接口	
2	选择车系和年份	

续表

序号	主要作业内容	技术规范要点
3	选择生产商与车型	
4	选择动力总成进入发动机控制模块	
5	选择发动机和计算机接口类型	
6	选择变速箱类型	
7	读取数据流	
8	进行动作测试	

活动 2：结合实际车辆的维修手册或用户手册，完成下表中技术规范的填写。

车型：		VIN 码：		行驶里程：
作业内容	技术规范	检测数据		结果判定
空气流量参数				
进气量				
发动机冷却液温度				

活动 3：根据任务表单，进行具体任务实施，将检测结果填入上表，并在下表中对完成情况进行确认。

序号	作业内容	完成情况
1	将车辆停放在举升机位	
2	作业前准备	
3	连接 KT600 与车辆的 OBD-Ⅱ接口	
4	选择车系和年份	
5	选择生产商与车型	
6	选择动力总成进入发动机控制模块	
7	选择发动机和计算机接口类型	
8	选择变速箱类型	
9	进入读取故障码/清除故障码/读取数据流等主界面	
10	读取数据流	
11	进行动作测试	
12	系统退出	
13	5S 工作	

四、反馈评价

评价内容	赋分	序号	具体指标	分值	得　分		
					自评	组评	师评
仪容仪表	15	1	工作服、鞋、胸卡穿戴整洁	5			
		2	发型、指甲等符合工作要求	5			
		3	不佩戴首饰、钥匙、手表等	5			
工作安全	25	4	工作文明，不打闹	5			
		5	确认车辆停放位置正确	5			
		6	按动检查时用力适中	5			
		7	发现问题及时报告	5			
		8	无人员受伤及设备损坏事故	5			
工作过程	35	9	将车辆停放在举升机位	3			
		10	作业前准备	3			
		11	连接 KT600 与车辆的 OBD-Ⅱ接口	3			
		12	选择车系和年份	3			
		13	选择生产商与车型	3			
		14	选择动力总成进入发动机控制模块	3			
		15	选择发动机和计算机接口类型	3			
		16	选择变速箱类型	3			
		17	进入读取故障码/清除故障码/读取数据流等主界面	5			
		18	读取数据流	2			
		19	进行动作测试	2			
		20	系统退出	2			
职业素养	25	21	坚持出勤，遵守规章制度	5			
		22	服从安排，积极参加组内活动	5			
		23	在规定时间内完成工作，认真填写工作表单	5			
		24	节约用水、用电、用气，注意环保	5			
		25	认真执行 5S 工作	5			
综合得分				100			

五、任务测评

1. 单项选择题

(1)雪佛兰科鲁兹诊断接口有多少个针脚？（　　）

A. 16 个　　　　　　　B. 15 个　　　　　　　C. 18 个　　　　　　　D. 12 个

(2) OBD 编码标准中，第一位字母 P 代表哪个系统的编码？（　　）

A. 动力系统代码　　　B. 厂家代码　　　　C. 计算机输入和输出

(3) OBD 故障码中 B 代表的是（　　）。

A. 动力总成　　　　　B. 车身　　　　　　C. 底盘　　　　　　　D. 电脑

(4)汽车的 OBD-Ⅱ表示（　　）。

A. 第二代车载诊断标准　　　　　　　　B. 统一的诊断方法

C. 解码器名称　　　　　　　　　　　　D. 排放监控系统

2. 判断题（对的打√，错的打×）

(1)电控发动机无故障代码说明发动机一切正常。　　　　　　　　　　（　　）

(2)利用解码器可准确判断具体的故障位置。　　　　　　　　　　　　（　　）

(3)专业故障诊断仪一般只适合在特约维修站配备，以便提供良好的售后服务。

（　　）

(4)不要轻易断开蓄电池负极，否则将丢失存储器中的故障代码。　　（　　）

(5)在发动机出现故障时，应先对发动机管理系统以外的可能故障部位予以检查。

（　　）

任务 2　发动机工作状态的规范检查

一、知识储备

同学们，为了完成本次工作任务，请在课前预习教材第 140～141 页的内容，熟悉相关应知应会的知识点，并完成下面 2 个学习任务。

学习任务 1：学习教材第 140～141 页的内容，独立完成下面的任务。

1. 发动机工作状态的检查内容有＿＿＿＿＿＿＿＿＿＿＿＿＿＿＿＿＿＿＿＿＿。

2. 燃油蒸发控制装置的功用是＿＿＿＿＿＿＿＿＿＿＿＿＿＿＿＿＿＿＿＿＿。

3. 曲轴箱通风装置的功用是＿＿＿＿＿＿＿＿＿＿＿＿＿＿＿＿＿＿＿＿＿。

学习任务 2： 请根据教材内容，完成下表。

作业项目	主要作业内容	技术要求	维护周期
发动机 工作状况			
燃油蒸发 控制装置			
曲轴箱 通风装置			

二、工作任务发布

1. 工作任务：发动机工作状态的规范检查。

2. 任务要求：学习教材第 141～143 页的内容，扫描二维码观看相应视频，掌握发动机工作状态的规范检查方法，并结合工作过程，完成工作表单记录。

三、计划与实施

活动 1：通过任务视频，结合教材，明确本次任务的主要作业内容，将技术规范要点填入下表。

序号	主要作业内容	技术规范要点
1	打开点火开关	
2	起动发动机	
3	加速	
4	发动机熄火	
5	检查燃油蒸发控制装置	
6	检查曲轴箱通风装置	

活动 2：结合实际车辆的维修手册或用户手册，完成下表中技术规范的填写。

车型：		VIN 码：		行驶里程：
作业内容	技术规范	检测数据		结果判定
发动机正常怠速				_____继续使用
起动后熄灭的指示灯				
检查曲轴箱通风装置				

活动 3：根据任务表单，进行具体任务实施，将检测结果填入上表，并在下表中对完成情况进行确认。

序号	作业内容	完成情况
1	将车辆停放在举升机位	
2	作业前准备	
3	打开点火开关	
4	起动发动机	
5	加速	
6	发动机熄火	
7	检查燃油蒸发控制装置	
8	检查曲轴箱通风装置	
9	5S 工作	

四、反馈评价

评价内容	赋分	序号	具体指标	分值	得分		
					自评	组评	师评
仪容仪表	15	1	工作服、鞋、胸卡穿戴整洁	5			
		2	发型、指甲等符合工作要求	5			
		3	不佩戴首饰、钥匙、手表等	5			
工作安全	25	4	工作文明，不打闹	5			
		5	确认车辆停放位置正确	5			
		6	按动检查时用力适中	5			
		7	发现问题及时报告	5			
		8	无人员受伤及设备损坏事故	5			
工作过程	35	9	将车辆停放在举升机位	3			
		10	作业前准备	4			
		11	打开点火开关	4			
		12	起动发动机	4			
		13	加速	5			
		14	发动机熄火	5			
		15	检查燃油蒸发控制装置	5			
		16	检查曲轴箱通风装置	5			

续表

评价内容	赋分	序号	具体指标	分值	得　分		
					自评	组评	师评
职业素养	25	17	坚持出勤，遵守规章制度	5			
		18	服从安排，积极参加组内活动	5			
		19	在规定时间内完成工作，认真填写工作表单	5			
		20	节约用水、用电、用气，注意环保	5			
		21	认真执行 5S 工作	5			
综合得分				100			

五、任务测评

1. 单项选择题

(1)曲轴箱通风的目的主要是(　　　)。

A. 排出水和汽油　　　　　　　　　　B. 排出漏入曲轴箱内的可燃混合气与废气

C. 冷却润滑油　　　　　　　　　　　D. 向曲轴箱供给氧气

(2)下列属于进气道的主要性能参数之一的是(　　　)。

A. 单位功率　　　　B. 流量系数　　　　C. 速度系数　　　　D. 推质比

(3)发动机正常工作时温度应为(　　　)。

A. 30℃～40℃　　　B. 60℃～70℃　　　C. 80℃～90℃　　　D. 低于 100℃

2. 判断题(对的打√，错的打×)

(1)节气门开度的大小就代表了发动机负荷的大小。　　　　　　　　　(　　　)

(2)强制式曲轴箱通风系统是为了防止曲轴箱内的气体排放到大气中的净化装置。

(　　　)

(3)曲轴箱窜气的主要污染物是 HC。　　　　　　　　　　　　　　　(　　　)

任务 3　发动机传动带的规范检查和调整

一、知识储备

同学们，为了完成本次工作任务，请在课前预习教材第 144～145 页的内容，熟悉相关应知应会的知识点，并完成下面 2 个学习任务。

学习任务 1：学习教材第 144～145 页的内容，独立完成下面的任务。

1. 发动机正时带的作用是＿＿＿＿＿＿＿＿＿＿＿＿＿＿＿＿＿＿＿＿＿＿＿＿＿。

2. 雪佛兰科鲁兹正时带与传动带的维护周期是 _____。

学习任务 2：请根据教材内容，完成下表。

作业项目	主要作业内容	技术要求	维护周期
发动机传动带的规范检查和维护			

二、工作任务发布

1. 工作任务：发动机传动带的规范检查和调整。

2. 任务要求：学习教材第 145～147 页的内容，扫描二维码观看相应视频，掌握发动机传动带的规范检查和调整方法，并结合工作过程，完成工作表单记录。

三、计划与实施

活动 1：通过任务视频，结合教材，明确本次任务的主要作业内容，并将技术规范要点填入下表。

序号	主要作业内容	技术规范要点
1	检查传动带	
2	检查传动带张紧力	
3	检查正时带	
4	检查正时带张紧力	

活动 2：结合实际车辆的维修手册或用户手册，完成下表中技术规范的填写。

车型：		VIN 码：		行驶里程：
作业内容	技术规范	检测数据		结果判定
正时带下前盖螺栓扭矩				
曲轴扭转减振器螺栓扭矩				

活动 3：根据任务表单，进行具体任务实施，将检测结果填入上表，并在下表中对完成情况进行确认。

序号	作业内容	完成情况
1	将车辆停放在举升机位	
2	作业前准备	

续表

序号	作业内容	完成情况
3	检查传动带	
4	检查传动带张紧力	
5	检查正时带	
6	检查正时带张紧力	
7	5S 工作	

四、反馈评价

评价内容	赋分	序号	具体指标	分值	得分		
					自评	组评	师评
仪容仪表	15	1	工作服、鞋、胸卡穿戴整洁	5			
		2	发型、指甲等符合工作要求	5			
		3	不佩戴首饰、钥匙、手表等	5			
工作安全	25	4	工作文明，不打闹	5			
		5	确认车辆停放位置正确	5			
		6	按动检查时用力适中	5			
		7	发现问题及时报告	5			
		8	无人员受伤及设备损坏事故	5			
工作过程	35	9	将车辆停放在举升机位	5			
		10	作业前准备	6			
		11	检查传动带	6			
		12	检查传动带张紧力	6			
		13	检查正时带	6			
		14	检查正时带张紧力	6			
职业素养	25	15	坚持出勤，遵守规章制度	5			
		16	服从安排，积极参加组内活动	5			
		17	在规定时间内完成工作，认真填写工作表单	5			
		18	节约用水、用电、用气，注意环保	5			
		19	认真执行 5S 工作	5			
综合得分				100			

五、任务测评

1. 单项选择题

(1)检查传动带松紧度，一般用大拇指以 50N 的力，按下皮带产生的挠度为(　　)。

A. 5～10 mm　　　B. 8～10 mm　　　C. 10～15 mm　　　D. 20 mm

(2)拆卸风扇皮带时，如果工作人员手上有油、水等，将会引起皮带(　　)。

A. 打滑　　　　　B. 断裂　　　　　C. 磨损　　　　　D. 变形

(3)雪佛兰科鲁兹正时带更换的周期是(　　)。

A. 60 000 km　　　B. 70 000 km　　　C. 80 000 km

(4)雪佛兰科鲁兹传动带更换的周期是(　　)。

A. 15 000 km　　　B. 150 000 km　　　C. 20 000 km

2. 判断题(对的打√，错的打×)

(1)调整使用中的传动带松紧度时，调整值的大小取决于传动带的使用程度。(　　)

(2)用张紧力表检查传动带的张紧力时，应在指定的两个带轮之间进行测量。(　　)

(3)检查发现传动带出现裂纹、脱胶，但维护周期还没到，可以继续使用。　(　　)

(4)更换正时带时无须更换附属部件。　　　　　　　　　　　　　　　　(　　)

(5)无级变速器采用传动带和工作直径可变的主从动齿轮相配合来传递动力，可以实现传动比的连续改变，从而得到传动系与发动机工况的最佳匹配，最大限度地利用发动机的特性，提高汽车的动力性和燃油的经济性。　　　　　　　　　　(　　)

任务 4　进、排气歧管和排气管的规范检查

一、知识储备

同学们，为了完成本次工作任务，请在课前预习教材第 148～149 页的内容，熟悉相关应知应会的知识点，并完成下面 2 个学习任务。

学习任务 1：学习教材第 148～149 页的内容，独立完成下面的任务。

1. 进气歧管指的是＿＿＿＿＿＿＿＿＿＿＿＿＿＿＿＿＿＿＿＿＿＿＿＿＿＿＿。

2. 排气歧管的作用是＿＿＿＿＿＿＿＿＿＿＿＿＿＿＿＿＿＿＿＿＿＿＿＿＿。

3. 雪佛兰科鲁兹车辆进、排气歧管和排气管的检查周期是＿＿＿＿＿＿＿＿＿。

学习任务2：请根据教材内容，完成下表。

作业项目	主要作业内容	技术要求	维护周期
进、排气歧管，消声器，排气管	检查进、排气歧管		
	检查消声器		
	检查排气管		
	检查三元催化转换器		

二、工作任务发布

1. 工作任务：进、排气歧管和排气管的规范检查。

2. 任务要求：学习教材第 149～152 页的内容，扫描二维码观看相应视频，掌握进、排气歧管和排气管的规范检查方法，并结合工作过程，完成工作表单记录。

三、计划与实施

活动1：通过任务视频，结合教材，明确本次任务的主要作业内容，将技术规范要点填入下表。

序号	主要作业内容	技术规范要点
1	检查进气歧管总成	
2	检查排气歧管总成	
3	检查三元催化转换器	
4	检查密封垫	
5	检查吊挂	
6	检查消声器	
7	检查排气管	

活动2：结合实际车辆的维修手册或用户手册，完成下表中技术规范的填写。

车型：		VIN码：		行驶里程：	
作业内容	技术规范		检测数据		结果判定
进气歧管紧固扭矩					
排气歧管紧固扭矩					
排气管紧固扭矩					

活动 3：根据任务表单，进行具体任务实施，将检测结果填入上表，并在下表中对完成情况进行确认。

序号	作业内容	完成情况
1	将车辆停放在举升机位	
2	作业前准备	
3	检查进气歧管总成	
4	检查排气歧管总成	
5	检查三元催化转换器	
6	检查密封垫	
7	检查吊挂	
8	检查消声器	
9	检查排气管	
10	5S 工作	

四、反馈评价

评价内容	赋分	序号	具体指标	分值	得分 自评	得分 组评	得分 师评
仪容仪表	15	1	工作服、鞋、胸卡穿戴整洁	5			
		2	发型、指甲等符合工作要求	5			
		3	不佩戴首饰、钥匙、手表等	5			
工作安全	25	4	工作文明，不打闹	5			
		5	确认车辆停放位置正确	5			
		6	按动检查时用力适中	5			
		7	发现问题及时报告	5			
		8	无人员受伤及设备损坏事故	5			
工作过程	35	9	车辆基本防护和安全检查	2			
		10	检查进气歧管总成	3			
		11	检查排气歧管总成	6			
		12	检查三元催化转换器	6			
		13	检查密封垫	6			
		14	检查吊挂	6			
		15	检查消声器	3			
		16	检查排气管	3			

续表

评价内容	赋分	序号	具体指标	分值	得分		
					自评	组评	师评
职业素养	25	17	坚持出勤，遵守规章制度	5			
		18	服从安排，积极参加组内活动	5			
		19	在规定时间内完成工作，认真填写工作表单	5			
		20	节约用水、用电、用气，注意环保	5			
		21	认真执行 5S 工作	5			
综合得分				100			

五、任务测评

1. 单项选择题

(1)下列关于排气系统的说法，正确的是(　　)。

A. 三元催化转换器可将废气返回进气歧管，以便重新燃烧废气中的有害气体

B. 排气歧管迅速降低废气温度，可提高三元催化转化器的效率

C. 三元催化转化器可有效降低废气中的 CO、HC 和 NO 的浓度

(2)安装在三元催化转化器下方的加热型氧传感器主要用于监视(　　)。

A. 三元催化转化器的转化效率

B. 三元催化转化器上方氧传感器的工作效率

C. 三元催化转化器的温度

(3)汽车排气管出现大量蓝烟的现象说明(　　)。

A. 混合气过稀　　　B. 混合气过浓　　　C. 发动机烧机油　　　D. 机油品质不好

(4)下列哪个不属于汽车排放系统？(　　)

A. 排气管　　　　　　　　　　　B. 进气管

C. 三元催化转化器　　　　　　　D. 消音器

2. 判断题(对的打√，错的打×)

(1)使用良好的三元催化转化器可有效减少排气中的 CO、HC 和 NO。　　　(　　)

(2)废气分析仪测量排气管中的废气成分可检查三元催化转化器的技术状况。(　　)

(3)汽油机在进气冲程中进入气缸的是柴油和空气的混合气。　　　　　　　(　　)

(4)排气管密封垫圈损坏应及时更换，防止造成漏气现象。　　　　　　　　(　　)

(5)检查进、排气歧管时只要没有损坏就可以继续使用。　　　　　　　　　(　　)

任务 5　火花塞、高压线的检查与更换

一、知识储备

同学们，为了完成本次工作任务，请在课前预习教材第 153～154 页的内容，熟悉相关应知应会的知识点，并完成下面 2 个学习任务。

学习任务 1： 学习教材第 153～154 页的内容，独立完成下面的任务。

1. 火花塞的作用是＿＿＿＿＿＿＿＿＿＿＿＿＿＿＿＿＿＿＿＿＿。

2. 高压线的作用是＿＿＿＿＿＿＿＿＿＿＿＿＿＿＿＿＿＿＿＿＿。

3. 火花塞损坏可能会造成＿＿＿＿＿＿＿＿＿＿＿＿＿＿＿＿＿＿。

学习任务 2： 请根据教材内容，完成下表。

作业项目	主要作业内容	技术要求	维护周期
火花塞、高压线的检查与更换	检查火花塞间歇、绝缘体		
	检查高压线外观		

二、工作任务发布

1. 工作任务：火花塞、高压线的检查与更换。

2. 任务要求：学习教材第 155～158 页的内容，扫描二维码观看相应视频，掌握火花塞、高压线的检查与更换方法，并结合工作过程，完成工作表单记录。

三、计划与实施

活动 1：通过任务视频，结合教材，明确本次任务的主要作业内容，将技术规范要点填入下表。

序号	主要作业内容	技术规范要点
1	断开蓄电池负极	
2	拆下点火模块连接器	
3	拆下点火模块固定螺栓	
4	检查接线柱是否损坏	
5	检查绝缘体是否击穿或有炭痕、炭黑	
6	检查火花塞间隙	
7	更换并安装新的火花塞	
8	检查点火模块是否损坏	
9	安装蓄电池负极	

活动2：结合实际车辆的维修手册或用户手册，完成下表中技术规范的填写。

车型：		VIN码：		行驶里程：
作业内容	技术规范	检测数据	结果判定	
火花塞更换周期			＿＿＿＿＿继续使用	
蓄电池负极紧固扭矩				
火花塞间隙				
点火模块紧固扭矩				

活动3：根据任务表单，进行具体任务实施，将检测结果填入上表，并在下表中对完成情况进行确认。

序号	作业内容	完成情况
1	将车辆停放在举升机位	
2	作业前准备	
3	断开蓄电池负极	
4	拆下点火模块连接器	
5	拆下点火模块固定螺栓	
6	取下点火模块总成	
7	取下火花塞	
8	检查接线柱是否损坏	
9	检查绝缘体是否击穿或有炭痕、炭黑	
10	检查火花塞间隙	
11	更换并安装新的火花塞	
12	检查点火模块是否损坏	
13	更换并安装新的点火模块	
14	安装蓄电池负极	
15	5S工作	

四、反馈评价

评价内容	赋分	序号	具体指标	分值	得　分		
					自评	组评	师评
仪容仪表	15	1	工作服、鞋、胸卡穿戴整洁	5			
		2	发型、指甲等符合工作要求	5			
		3	不佩戴首饰、钥匙、手表等	5			

续表

评价内容	赋分	序号	具体指标	分值	得 分		
					自评	组评	师评
工作安全	25	4	工作文明，不打闹	5			
		5	确认车辆停放位置正确	5			
		6	按动检查时用力适中	5			
		7	发现问题及时报告	5			
		8	无人员受伤及设备损坏事故	5			
工作过程	35	9	车辆基本防护和安全检查	2			
		10	断开蓄电池负极	2			
		11	拆下点火模块连接器	2			
		12	拆下点火模块固定螺栓	3			
		13	取下点火模块总成	3			
		14	取下火花塞	3			
		15	检查接线柱是否损坏	3			
		16	检查绝缘体是否击穿或有炭痕、炭黑	3			
		17	检查火花塞间隙	3			
		18	更换并安装新的火花塞	3			
		19	检查点火模块是否损坏	3			
		20	更换并安装新的点火模块	3			
		21	安装蓄电池负极	2			
职业素养	25	22	坚持出勤，遵守规章制度	5			
		23	服从安排，积极参加组内活动	5			
		24	在规定时间内完成工作，认真填写工作表单	5			
		25	节约用水、用电、用气，注意环保	5			
		26	认真执行 5S 工作	5			
综合得分				100			

五、任务测评

1. 单项选择题

(1)在拆卸火花塞时使用下列哪种工具？（　　　）

A. 开口扳手　　　　B. 火花塞套筒　　　　C. 梅花扳手　　　　D. 轮胎扳手

(2)当电容器被击穿(短路)时，会导致火花塞(　　　)。

A. 没有火花　　　　B. 火花变弱　　　　C. 火花变强　　　　D. 火花不变

(3)影响汽油发动机点火高压的因素有( )。

A. 火花塞的电极间隙　　　　　　　B. 进气量

C. 喷油量　　　　　　　　　　　　D. 混合气浓度

(4)当发动机功率较大、转速较高、压缩比较大时，应采用( )火花塞。

A. 热型　　　　　B. 中型　　　　　C. 冷型

(5)为使汽车发动机能在各种困难条件下点火起动，要求作用于火花塞两电极之间的电压至少为( )。

A. 7 000～8 000 V　　　　　　　　B. 8 000～9 000 V

C. 9 000～10 000 V

2. 判断题(对的打√，错的打×)

(1)随着火花塞电极烧蚀，间隙将增大，燃油经济性将提高，但是动力性将下降。

( )

(2)火花塞间隙过大，对汽车动力性能没有影响。 ( )

(3)汽车上的火花塞，若其裙部越长，则散热越快，属于冷型火花塞。 ( )

(4)火花塞间隙过小，高压火花变弱。 ( )

(5)火花塞在使用过程中经常发生积炭现象，证明火花塞工作正常。 ( )

任务 6　制动器、离合器踏板的检查与调整

一、知识储备

同学们，为了完成本次工作任务，请在课前预习教材第 159～161 页的内容，熟悉相关应知应会的知识点，并完成下面 2 个学习任务。

学习任务 1: 学习教材第 159～161 页的内容，独立完成下面的任务。

1. 自由行程是 _____。

2. 自由行程过大或过小的影响 _____。

3. 驻车制动器的作用 _____。

学习任务 2: 请根据教材内容，完成下表。

作业项目	作业内容	维护周期
制动器踏板、离合器踏板的检查与调整		

二、工作任务发布

1. 工作任务：制动器、离合器踏板的检查与调整。

2. 任务要求：学习教材第 161～164 页的内容，扫描二维码观看相应视频，掌握制动器、离合器踏板的检查与调整方法，并结合工作过程，完成工作表单记录。

三、计划与实施

活动 1：通过任务视频，结合教材，明确本次任务的主要作业内容和技术规范要点。活动时间为 30 min。

序号	主要作业内容	技术规范要点
1	测量制动器踏板的高度	
2	测量制动器踏板的自由行程	
3	检查制动器踏板助力功能	
4	测量离合器踏板的自由行程	
5	调整离合器踏板的自由行程	
6	检查驻车制动器指示灯工作情况	
7	检查驻车制动器手柄行程	

活动 2：结合实际车辆的维修手册或用户手册，完成下表中技术规范的填写。活动时间为 30 min。

车型：		VIN 码：		行驶里程：	
作业内容	技术规范		检测数据		结果判定
制动器踏板的自由行程					
离合器踏板的自由行程					
驻车制动器手柄行程					

活动 3：根据任务表单，进行具体任务实施，将检测结果填入上表，并在下表中对完成情况进行确认。

序号	作业内容	完成情况
1	将车辆停放在举升机位	
2	放置车轮挡块	
3	前期准备工作	

续表

序号	作业内容	完成情况
4	拉起驻车制动器手柄	
5	插入汽车尾气抽排管	
6	测量制动器踏板的高度	
7	测量制动器踏板的自由行程	
8	检查制动器踏板助力功能	
9	测量离合器踏板的自由行程	
10	调整离合器踏板的自由行程	
11	检查驻车制动器指示灯工作情况	
12	检查驻车制动器手柄行程	
13	收起尾气抽排管	
14	5S 工作	
15	填写工作表单	

四、反馈评价

评价内容	赋分	序号	具体指标	分值	得分		
					自评	组评	师评
仪容仪表	15	1	工作服、鞋、胸卡穿戴整洁	5			
		2	发型、指甲等符合工作要求	5			
		3	不佩戴首饰、钥匙、手表等	5			
工作安全	25	4	工作文明，不打闹	5			
		5	确认车辆停放位置正确	5			
		6	按动检查时用力适中	5			
		7	发现问题及时报告	5			
		8	无人员受伤及设备损坏事故	5			
工作过程	35	9	车辆基本防护和安全检查	3			
		10	插入汽车尾气抽排管	3			
		11	测量制动器踏板的高度	4			
		12	测量制动器踏板的自由行程	4			
		13	检查制动器踏板助力功能	4			
		14	测量离合器踏板的自由行程	4			
		15	调整离合器踏板的自由行程	4			

续表

评价内容	赋分	序号	具体指标	分值	得 分		
					自评	组评	师评
工作过程	35	16	检查驻车制动器指示灯工作情况	3			
		17	检查驻车制动器手柄行程	3			
		18	收起尾气抽排管	3			
职业素养	25	19	坚持出勤，遵守规章制度	5			
		20	服从安排，积极参加组内活动	5			
		21	在规定时间内完成工作，认真填写工作表单	5			
		22	节约用水、用电、用气，注意环保	5			
		23	认真执行 5S 工作	5			
综合得分				100			

五、任务测评

1. 单项选择题

(1)离合器分离轴承与分离杆之间的间隙是为了(　　)。

A. 实现离合器踏板的自由行程　　　　B. 保证从动盘磨损

C. 防止热膨胀失效　　　　D. 保证摩擦片正常磨损后离合器不失效

(2)(　　)会造成汽车离合器压盘及飞轮表面烧蚀。

A. 踏板自由行程过小　　　　B. 分离不彻底

C. 动平衡破坏　　　　D. 踏板自由行程过大

(3)制动器踏板自由行程过大的危害是(　　)。

A. 制动作用迟缓，甚至失效　　　　B. 摩擦片过热

C. 制动行程变短　　　　D. 制动灵敏

(4)离合器踏板自由行程的检测方法正确的是(　　)。

A. 用脚轻轻点在踏板上，用直尺测量踏板下降的高度

B. 用手按住踏板，检测踏板下降的高度

C. 用手轻轻按压踏板，直到稍稍有阻力时，检测踏板下降的高度

D. 用脚踩住制动器踏板，检测踏板高度

(5)驻车指示灯应(　　)。

A. 在第一格点亮　　B. 在第二格点亮　　C. 在最后一格点亮　　D. 一直点亮

(6)一般汽车制动系统包括(　　)和驻车制动装置。

A. 手制动装置　　　B. 转向器　　　　C. 行车制动装置　　D. 制动鼓

2. 判断题(对的打√，错的打×)

(1)离合器踏板自由行程过大会造成离合器的传力性能下降。　　　　　　　(　　)

(2)制动器踏板自由行程影响行车安全，因此，不符合标准范围时应及时调整。

(　　)

(3)驻车制动器自由行程随人而变，无定值。　　　　　　　　　　(　　)

(4)行车制动器踏板自由行程的作用是保证不发生制动拖滞、彻底解除制动。(　　)

(5)离合器踏板自由行程过小会导致挂挡困难，换挡冲击。　　　　　(　　)

任务 7　盘式制动器的检查与调整

一、知识储备

同学们，为了完成本次工作任务，请在课前预习教材第 165～168 页的内容，熟悉相关应知应会的知识点，并完成下面 2 个学习任务。

学习任务 1： 学习教材第 165～168 页的内容，独立完成下面的任务。

1. 盘式制动器是_____。

2. 盘式制动器的优点有_____。

3. 盘式制动器的检查内容有_____。

学习任务 2： 请根据教材内容，完成下表。

作业项目	主要作业内容	维护周期
盘式制动器的检查与调整		

二、工作任务发布

1. 工作任务：盘式制动器的检查与调整。

2. 任务要求：学习教材第 168～175 页的内容，扫描二维码观看相应视频，掌握盘式制动器的检查与调整方法，并结合工作过程，完成工作表单记录。

三、计划与实施

活动 1：通过任务视频，结合教材，明确本次任务的主要作业内容和技术规范要点。活动时间为 30 min。

序号	主要作业内容	技术规范要点
1	检查制动分泵的泄漏情况	
2	检查车轮制动器拖滞	
3	检查制动卡钳及密封件的工作状况	
4	测量摩擦片厚度（内侧和外侧）	
5	检查转子盘的横向偏摆量	
6	检查转子盘的厚度	

活动 2：结合实际车辆的维修手册或用户手册，完成下表中技术规范的填写。活动时间为 30 min。

车型：		VIN 码：		行驶里程：	
作业内容	技术规范		检测数据		结果判定
制动片的厚度					
制动盘的厚度					
制动盘的横向偏摆量					

活动 3：根据任务表单，进行具体任务实施，将检测结果填入上表，并在下表中对完成情况进行确认。

序号	作业内容	完成情况
1	将车辆停放在举升机位	
2	放置车轮挡块	
3	前期准备工作	
4	将车辆举升至合适高度	
5	检查车轮制动器拖滞	
6	拆卸车轮	
7	拆卸制动卡钳导销螺栓	
8	挂上制动钳体	
9	卸下摩擦片	
10	取下摩擦片固定弹簧	
11	检查制动分泵的泄漏情况	
12	检查制动钳导销	
13	清洁摩擦片	

续表

序号	作业内容	完成情况
14	测量摩擦片厚度（内侧和外侧）	
15	组装磁性表座	
16	清洁转子盘	
17	安装车轮螺栓	
18	测量转子盘跳动量（①安装磁性表座　②调零　③测量）	
19	测量转子盘厚度（①目测表面　②千分尺校零　③测量）	
20	安装摩擦片固定弹簧	
21	安装摩擦片	
22	安装制动卡钳导销螺栓	
23	安装车轮	
24	5S 工作	
25	填写工作表单	

四、反馈评价

评价内容	赋分	序号	具体指标	分值	得分 自评	组评	师评
仪容仪表	15	1	工作服、鞋、胸卡穿戴整洁	5			
		2	发型、指甲等符合工作要求	5			
		3	不佩戴首饰、钥匙、手表等	5			
工作安全	15	4	工作文明，不打闹	5			
		5	操作过程沉着冷静	5			
		6	无人员受伤及设备损坏事故	5			
工作过程	45	7	不带违禁食品、饮料，手机关机	5			
		8	积极参与小组学习	5			
		9	完成学生手册知识储备内容	5			
		10	车辆基本防护和安全检查	1			
		11	将车辆举升至合适高度	1			
		12	检查车轮制动器拖滞	1			
		13	拆卸车轮①气动扳手的使用	1			
		14	拆卸车轮②卸下车轮螺栓	1			
		15	拆卸制动卡钳导销螺栓	1			

续表

评价内容	赋分	序号	具体指标	分值	得分		
					自评	组评	师评
工作过程	45	16	挂上制动钳体	1			
		17	卸下摩擦片	1			
		18	取下摩擦片固定弹簧	1			
		19	检查制动分泵的泄漏情况	2			
		20	检查制动钳导销	1			
		21	清洁摩擦片	1			
		22	测量摩擦片厚度(内侧)	2			
		23	测量摩擦片厚度(外侧)	2			
		24	组装磁性表座	1			
		25	清洁转子盘	1			
		26	安装车轮螺栓	1			
		27	测量转子盘跳动量①安装磁性表座	1			
		28	测量转子盘跳动量②调零	1			
		29	测量转子盘跳动量③测量	1			
		30	测量转子盘厚度①目视表面	1			
		31	测量转子盘厚度②千分尺校零	1			
		32	测量转子盘厚度③测量	1			
		33	安装摩擦片固定弹簧	1			
		34	安装摩擦片	1			
		35	安装制动卡钳导销螺栓	1			
		36	安装车轮	1			
职业素养	25	37	坚持出勤,遵守规章制度	5			
		38	服从安排,积极参加组内活动	5			
		39	在规定时间内完成工作,认真填写工作表单	5			
		40	节约用水、用电、用气,注意环保	5			
		41	认真执行 5S 工作	5			
综合得分				100			

五、任务测评

1. 单项选择题

(1)测量摩擦片的厚度时,所使用的工具是( )。

A. 直尺   B. 千分尺   C. 游标卡尺   D. 百分表

(2)测量制动盘的厚度时，所使用的工具是(　　)。

A. 直尺　　　　　　　B. 千分尺　　　　　　C. 游标卡尺　　　　　D. 百分表

(3)测量转子盘的跳动量时，所使用的工具是(　　)。

A. 直尺　　　　　　　B. 千分尺　　　　　　C. 游标卡尺　　　　　D. 百分表

(4)雪佛兰科鲁兹轿车转向轮盘式制动器的摩擦片的规定尺寸为(　　)。

A. 26～23 mm　　　B. 22～20 mm　　　C. 20～15 mm　　　D. 12～2 mm

(5)下面关于盘式制动器的检查，说法正确的是(　　)。

A. 检查制动摩擦片厚度时，如果外侧的摩擦片厚度符合标准，里侧的摩擦片就不用检查了

B. 检查制动摩擦片时，除检查其厚度是否符合标准外，还应注意内、外侧摩擦片磨损有无明显区别

C. 检查制动盘时，如果外面的盘面没有磨花或损坏，即可确定内侧盘面也没问题

2. **判断题(对的打√，错的打×)**

(1)盘式制动器只可以用在前轮。　　　　　　　　　　　　　　　　　(　　)

(2)盘式制动器的散热能力差，热稳定性能好。　　　　　　　　　　　(　　)

(3)在采用千分尺测量制动盘时，不用对千分尺实行校零。　　　　　　(　　)

(4)测量盘式制动器制动盘时，在任意位置测量即可，反复多测几次。　(　　)

(5)制动卡钳导销螺栓紧固扭矩越大越好。　　　　　　　　　　　　　(　　)

任务 8　鼓式制动器的检查与调整

一、知识储备

同学们，为了完成本次工作任务，请在课前预习教材第176～178页的内容，熟悉相关应知应会的知识点，并完成下面2个学习任务。

学习任务 1：学习教材第176～178页的内容，独立完成下面的任务。

1. 鼓式制动器主要包括＿＿＿＿＿＿＿＿＿＿＿＿＿＿＿＿＿＿＿＿＿＿＿。

2. 鼓式制动器的作用是：＿＿＿＿＿＿＿＿＿＿＿＿＿＿＿＿＿＿＿＿＿；

＿＿＿＿＿＿＿＿＿＿＿＿＿＿＿＿＿＿＿＿＿＿＿＿＿＿＿＿＿＿＿＿＿。

学习任务 2：请根据教材内容，完成下表。

作业项目	主要作业内容	技术要求	维护周期
鼓式制动器的检查与调整	检查制动间隙调整装置		
	拆卸制动鼓、轮毂、制动蹄，清洁轴承位、轴承、支撑销和制动底板等零件		
	检查制动底板、制动凸轮轴		
	检查轮毂内外轴承		
	检查制动摩擦片、制动蹄及支撑销		
	检查制动蹄回位弹簧		
	检查轮毂、制动鼓		
	复装制动鼓、轮毂、制动蹄，调查轴承松紧度，调整制动间隙		

二、工作任务发布

1. 工作任务：鼓式制动器的检查与调整。

2. 任务要求：学习教材第 178～184 页的内容，扫描二维码观看相应视频，掌握鼓式制动器的检查与调整方法，并结合工作过程，完成工作表单记录。

三、计划与实施

活动 1：通过任务视频，结合教材，明确本次任务的主要作业内容和技术规定要点，完成下表。

序号	主要作业内容	技术规范要点
1	拆下制动鼓螺钉	
2	拆卸调节弹簧	
3	拆下制动蹄	
4	拆下制动蹄回位弹簧	
5	将驻车拉索从驻车杆上拆下	
6	制动蹄的测量	
7	检查制动分泵	
8	将调节器总成安装至调节器执行杆	
9	将驻车拉索安装至驻车制动杆	
10	安装制动蹄回位弹簧	

续表

序号	主要作业内容	技术规范要点
11	安装制动蹄弹簧	
12	安装调节弹簧	
13	调节鼓式制动器	
14	安装制动鼓	
15	安装制动鼓螺钉	

活动2：结合实际车辆的维修手册或用户手册，完成下表中技术规范的填写。

车型：		VIN码：		行驶里程：
作业内容	技术规范	检测数据		结果判定
制动鼓螺钉扭力				
制动蹄厚度				
制动鼓直径				
制动蹄摩擦片至制动鼓间隙				

活动3：根据任务表单，进行具体任务实施，将检测结果填入上表，并在下表中对完成情况内容进行确认。

序号	作业内容	完成情况
1	将车辆停放在举升机位	
2	前期准备工作	
3	将车辆举升至合适高度	
4	拆下后轮轮胎	
5	拆下制动鼓螺钉	
6	拆下制动鼓	
7	拆卸调节弹簧	
8	拆下调节器总成	
9	拆下制动蹄弹簧	
10	拆下制动蹄	
11	拆下制动蹄回位弹簧	
12	将驻车拉索从驻车杆上拆下	

续表

序号	作业内容	完成情况
13	按拆解顺序放好零件	
14	制动蹄的测量	
15	检查制动分泵	
16	将调节器总成安装至调节器执行杆	
17	将驻车拉索安装至驻车制动杆	
18	安装制动蹄回位弹簧	
19	安装制动蹄弹簧	
20	安装调节弹簧	
21	调节鼓式制动器	
22	安装制动鼓	
23	安装制动鼓螺钉	
24	5S 工作	

四、反馈评价

评价内容	赋分	序号	具体指标	分值	得分		
					自评	组评	师评
仪容仪表	15	1	工作服、鞋、胸卡穿戴整洁	5			
		2	发型、指甲等符合工作要求	5			
		3	不佩戴首饰、钥匙、手表等	5			
工作安全	25	4	工作文明，不打闹	5			
		5	确认车辆停放位置正确	5			
		6	按动检查时用力适中	5			
		7	发现问题及时报告	5			
		8	无人员受伤及设备损坏事故	5			
工作过程	35	9	车辆基本防护和安全检查	2			
		10	拆下后轮轮胎	2			
		11	拆下制动鼓螺钉	2			
		12	拆下制动鼓	1			
		13	拆卸调节弹簧	1			
		14	拆下调节器总成	1			
		15	拆下制动蹄弹簧	1			

续表

评价内容	赋分	序号	具体指标	分值	得分		
					自评	组评	师评
工作过程	35	16	拆下制动蹄	1			
		17	拆下制动蹄回位弹簧	1			
		18	将驻车拉索从驻车杆上拆下	1			
		19	按拆解顺序放好零件	2			
		20	制动蹄的测量	2			
		21	检查制动分泵	2			
		22	将调节器总成安装至调节器执行杆	2			
		23	将驻车拉索安装至驻车制动杆	2			
		24	安装制动蹄回位弹簧	2			
		25	安装制动蹄弹簧	2			
		26	安装调节弹簧	2			
		27	调节鼓式制动器	2			
		28	安装制动鼓	2			
		29	安装制动鼓螺钉	2			
职业素养	25	30	坚持出勤,遵守规章制度	5			
		31	服从安排,积极参加组内活动	5			
		32	在规定时间内完成工作,认真填写工作表单	5			
		33	节约用水、用电、用气,注意环保	5			
		34	认真执行 5S 工作	5			
综合得分				100			

五、任务测评

1. 单项选择题

(1)(   )制动器可在行车制动装置失效后用于应急制动。

A. 盘式   B. 鼓式   C. 驻车   D. 行车

(2)鼓式车轮制动器的旋转元件是(   )。

A. 制动蹄   B. 制动鼓   C. 摩擦片   D. 制动底板

(3)制动蹄间隙的测量点应在蹄片(   )。

A. 两端   B. 中间

C. 距端部 20 mm 处   D. 任意位置均可

（4）雪佛兰科鲁兹后轮制动器为（　　　）。

A. 鼓式制动器　　　　B. 盘式制动器　　　　C. 通风盘式制动器

（5）后制动蹄回位弹簧折断或拉长会造成（　　　）。

A. 制动不灵　　　B. 制动拖滞　　　C. 制动噪声　　　D. 制动跑偏

2. 判断题（对的打√，错的打×）

（1）盘式制动器制动效能比鼓式制动器好，是因为盘式制动器有自增力作用。（　　　）

（2）鼓式车轮制动器中的制动蹄浮动安装在制动底板上。　　　　　　　　（　　　）

（3）汽车制动器中，当一个蹄是增势蹄时，另一个蹄就必须是减势蹄。　　（　　　）

（4）制动器不工作时，制动鼓的内圆面与制动蹄摩擦片的外圆面之间保持一定的间隙，简称制动间隙。　　　　　　　　　　　　　　　　　　　　　　（　　　）

（5）制动主缸内无制动液会导致制动失效。　　　　　　　　　　　　　　（　　　）

任务 9　轮胎换位

一、知识储备

同学们，为了完成本次工作任务，请在课前预习教材第 185～186 页的内容，熟悉相关应知应会的知识点，并完成下面 2 个学习任务。

学习任务 1：学习教材第 185～186 页，结合用户手册，独立完成下面的任务。

1. 轮胎换位的目的是＿＿＿＿＿＿＿＿＿＿＿＿＿＿＿＿＿＿＿＿＿＿＿＿＿＿＿＿＿＿。

2. 轮胎磨损的影响因素有＿＿＿＿＿＿＿＿＿＿＿＿＿＿＿＿＿＿＿＿＿＿＿＿＿＿＿＿。

学习任务 2：请根据教材内容，完成下表。

作业项目	驱动类型	技术要求	维护周期
轮胎换位	前驱		
	后驱		
	四驱		·

二、工作任务发布

1. 工作任务：轮胎换位。

2. 任务要求：学习教材第 186～188 页的内容，扫描二维码观看相应视频，掌握轮胎换位的方法，并结合工作过程，完成工作表单记录。

三、计划与实施

通过任务视频，结合教材，明确本次任务的作业内容，填写下表中的技术规范要点，并在具体任务实施后确认完成情况。活动时间为 60 min。

序号	作业内容	技术规范要点	完成情况
1	车辆基本防护和安全检查		
2	确定车辆驱动类型	将车辆挂至_____挡，旋转一侧前轮，观察另一侧前轮旋转方向_____；旋转一侧后轮，观察另一侧后轮旋转方向_____	
3	拆卸车轮	螺栓拆卸顺序是_____	
4	轮胎换位	该车的驱动类型_____。左前轮调至_____，右前轮调至_____，左后轮调至_____，右后轮调至_____	
5	清洁	清除_____	
6	安装车轮	按_____顺序均匀交替紧固螺母	
7	拧紧车轮螺栓	用_____扭矩再上一遍	
8	5S 工作		

四、反馈评价

评价内容	赋分	序号	具体指标	分值	得分		
					自评	组评	师评
仪容仪表	15	1	工作服、鞋、胸卡穿戴整洁	5			
		2	发型、指甲等符合工作要求	5			
		3	不佩戴首饰、钥匙、手表等	5			
工作安全	25	4	工作文明，不打闹	5			
		5	确认车辆停放位置正确	5			
		6	按动检查时用力适中	5			
		7	发现问题及时报告	5			
		8	无人员受伤及设备损坏事故	5			
工作过程	35	9	车辆基本防护和安全检查	5			
		10	确定车辆驱动类型	5			
		11	拆卸车轮	5			

续表

评价内容	赋分	序号	具体指标	分值	得 分		
					自评	组评	师评
工作过程	35	12	轮胎换位	5			
		13	清洁	5			
		14	安装车轮	5			
		15	拧紧车轮螺栓	5			
职业素养	25	16	坚持出勤，遵守规章制度	5			
		17	服从安排，积极参加组内活动	5			
		18	在规定时间内完成工作，认真填写工作表单	5			
		19	节约用水、用电、用气，注意环保	5			
		20	认真执行 5S 工作	5			
综合得分				100			

五、任务测评

1. 单项选择题

(1)不属于轮胎换位目的的是(　　)。

A. 使轮胎磨损趋于平衡

B. 延长轮胎使用寿命

C. 提高行车的安全系数

D. 浪费时间

(2)拆检轮胎，进行轮胎换位属于(　　)。

A. 日常维护

B. 二级维护

C. 一级维护

(3)雪佛兰科鲁兹的换位方法是(　　)。

A. 驱动轮垂直换，非驱动轮对角换

B. 驱动轮对角换，非驱动轮垂直换

C. 驱动轮对角换，非驱动轮对角换

D. 无所谓

(4)在轮胎规格的表示方法中，如 185/70 R13 86T，其中 T 表示(　　)。

A. 速度级别代号

B. 负荷指数

C. 子午线轮胎代号

D. 高宽比

2. 判断题（对的打√，错的打×）

(1)车辆驱动类型与换位方法无关。   （   ）

(2)轮胎规格中的 R 代表子午线轮胎。   （   ）

(3)拆卸车轮螺栓时可以按顺序进行。   （   ）

(4)安装车轮螺栓时，须依次拧到位。   （   ）

(5)轮胎换位间隔一般新车为 10 000 km，以后每行驶 5 000 km 至 10 000 km 进行
一次轮胎换位。   （   ）

任务 10　排气污染物的检测

一、知识储备

同学们，为了完成本次工作任务，请在课前预习教材第 189～190 页的内容，熟悉相关应知应会的知识点，并完成下面 2 个学习任务。

学习任务 1：学习教材第 189～190 页的内容，独立完成下面的任务。

排气污染物中最有害的是：

1. _____ ；

2. _____ ；

3. _____ ；

4. _____ 。

学习任务 2：请根据教材内容，完成下表。

作业项目	主要作业内容	技术要求
排气污染物	排气污染物的检测	汽油车采用_____，应符合 GB 18258—2018 规定，柴油车应采用_____，应符合 GB 3847-2018 规定。

请记录你在学习过程中遇到的问题：

_____

_____

_____

二、工作任务发布

1. 工作任务：排气污染物的检测。

2. 任务要求：学习教材第 190～193 页的内容，扫描二维码观看相应视频，掌握排

气污染物的检测方法，并结合工作过程，完成工作表单记录。

三、计划与实施

根据任务表单，进行具体任务实施，记录检测结果，并在下表中对完成情况进行确认。

序号	作业内容	完成情况
1	打开尾气分析仪机器，待指示灯亮起	
2	打开电脑上尾气分析仪软件，输入车辆信息	
3	预热	
4	预热结束后出现检漏程序	
5	将塑胶套完全套在检漏探测金属棒前端	
6	鼠标单击界面，按 F5 键进行检漏	
7	检漏结束后按 ESC 键退出	
8	等待归零 20 s 左右	
9	将探测棒插入排气管 400 mm 左右	
10	起动车辆，进行数据抄写	
11	判断尾气是否合格	
12	关闭发动机及检测仪	
13	5S 工作	

四、反馈评价

评价内容	赋分	序号	具体指标	分值	得 分		
					自评	组评	师评
仪容仪表	15	1	工作服、鞋、帽穿戴整洁	5			
		2	发型、指甲等符合工作要求	5			
		3	不佩戴首饰、钥匙、手表等	5			
工作安全	15	4	无人员受伤及设备损坏事故	5			
		5	安装三件套	5			
		6	将换挡杆置于 P 挡，拉起驻车制动器手柄	5			
工作过程	45	7	安装车轮挡块或用举升机顶起部分车辆重量	5			
		8	正确开启检漏程序	10			
		9	正确使用检漏程序	10			
		10	正确使用探测棒	10			
		11	正确分析检测数据	10			

续表

评价内容	赋分	序号	具体指标	分值	得 分		
					自评	组评	师评
职业素养	25	12	动作规范，注意安全环保	5			
		13	学员之间配合默契	5			
		14	在规定时间内完成工作	5			
		15	认真填写工作表单	5			
		16	认真执行5S工作	5			
综合得分				100			

五、任务测评

1. 单项选择题

(1)6年以内的小型、微型非营运载客汽车，机动车环保检验合格标志的有效期为(   )年。

A. 2   B. 1   C. 半

(2)排气中的有害物质有(   )。

A. 水   B. 碳氢化合物   C. 二氧化碳

2. 判断题（对的打√，错的打×）

(1)检测过程中，需要将探测棒插入排气管400 mm左右。   (   )

(2)测量过程中，打开空调对检测结果无影响。   (   )

(3)每次测量前，测量棒都需要用水清洗干净。   (   )